Joachim Cochlovius

Wie es war im Anfang

Die biblische Urgeschichte

Joachim Cochlovius

Wie es war im Anfang

Die biblische Urgeschichte

Verlag der Lutherischen Buchhandlung
29393 Groß Oesingen

2. Aufl. 2018

ISBN 978-3-86147-322-0

Herstellung:
Druckhaus Harms e.K.
Eichenring 15 a – 29393 Groß Oesingen

Inhaltsverzeichnis

Vorwort zur 1. und 2. Auflage

Mit der biblischen Urgeschichte können viele Christen kaum noch etwas anfangen. Dass Gott der Schöpfer des Himmels und der Erde ist, wie es im Apostolischen Glaubensbekenntnis heißt, ist zwar den meisten noch bewusst, aber schon bei der Frage, wie Gott erschuf, gehen die Meinungen auseinander. Unter dem Einfluss der Evolutionslehre hat sich besonders hinsichtlich der Herkunft des Menschen eine große Unsicherheit breitgemacht. Die biblischen Erzählungen vom Sündenfall, von der Austreibung aus dem Paradies, von der Sintflut und der babylonischen Sprachverwirrung gelten weithin als antike Mythen ohne historische Glaubwürdigkeit, bestenfalls noch als theologische Reflektionen jüdischer Priestergenerationen aus vorchristlicher Zeit.

Aufgrund dieser Entfremdung von den ersten biblischen Berichten gehen uns leider viele ihrer wertvollen Antworten und Einsichten verloren. Von Bewahrung der Schöpfung ist heute viel die Rede, aber wer sucht und findet die Weisheit des Schöpfers in seiner Schöpfung? Und: Wer erkennt im Bericht von der Erschaffung von Mann und Frau das tragfähigste Ehekonzept, das es gibt? Wer hört die Erzählung vom Fall des ersten Menschenpaares als wirkliches und gleichzeitig immer wiederkehrendes Geschehen? Wer empfindet den Ernst des Sintflutgeschehens als globaler Weltkatastrophe? Wer denkt nach über die Vielsprachigkeit der Menschheit als Strafgeschehen, das zu Pfingsten zum ersten Mal zeichenhaft aufgehoben wurde? Wer sieht in Noahs Segensund Fluchworten die welt- und heilsgeschichtlichen Dimensionen? Die biblische Urgeschichte ist eine wahre Schatzkammer göttlicher Weisheit, die es immer wieder neu zu erforschen gilt!

Für Luther war es selbstverständlich, dass Gott die Welt in sechs Tagen erschaffen hat, und er hat immer wieder die Christen beim Nachsinnen über die ersten Kapitel der Bibel zur Demut aufgefordert. „Lasst uns Schüler bleiben und dem Heiligen Geist seine Meisterschaft lassen“ (Genesisvorlesung WA 42,5,15-18). Diese Demut wünsche ich allen Lesern dieser Auslegung.

Pastor Dr. Joachim Cochlovius
Walsrode, im März 2018

Zum Verständnis der biblischen Urgeschichte

Woher wir kommen, warum wir auf der Welt sind und wohin wir gehen – auf diese Fragen stößt irgendwann einmal jeder Mensch. Auch wenn sie verdrängt werden, melden sie sich wieder und begleiten die Menschen solange sie leben. Als Fragen von letztem Gewicht fordern sie tragfähige Antworten.

Wenn wir sie uns beantworten lassen vom menschlichen Intellekt und wissenschaftlichen Hypothesen, stehen wir in der Gefahr, unser Leben auf einem schwankenden Boden einzurichten, denn unser Intellekt ist fehlbar und die Wissenschaft unterliegt einem dauernden Veränderungsprozess.

Als Christen glauben wir an einen lebendigen und redenden Gott. Es gehört deswegen zum Kernbestand christlicher Überzeugung und theologischer Dogmatik, dass Gott im Wort der Bibel diese Kernfragen des menschlichen Lebens beantwortet. Im Apostolischen Glaubensbekenntnis bekennt die Christenheit seit nahezu 2000 Jahren, dass der Mensch von Gott erschaffen ist, seinen Lebenssinn in Gottes Erlösungstat auf Golgatha findet und dass sich daran seine Zukunft entscheidet.

Die Frage nach dem Ursprung des Menschen und den Anfängen der Menschheit ist von allergrößter Tragweite. Wenn sich der Mensch – wie es heute unter dem Einfluss der Evolutionslehre viele glauben – zufällig aus dem freien Spiel der Naturkräfte entwickelt hat, dann ist er niemand verantwortlich außer sich selber, und niemand setzt ihm Grenzen, wenn er sie sich nicht selber setzt. Dann gibt es aber auch niemand, zu dem er beten und dem er sich anvertrauen kann, dann ist er wirklich ein einsamer Wanderer am Rand des Universums, wie Jaques Monod meinte. Wenn der Mensch jedoch Geschöpf ist und Gott sein Schöpfer, dann lebt er aus der Zuwendung dieses Gottes, dann lenkt ein Regisseur die Fakten seines Lebens und der gesamten Menschheit. Dann aber ist auch davon auszugehen, dass Gott als der Schöpfer und Erhalter des Lebens sich dem Menschen bezeugt, mit ihm in eine persönliche Beziehung eintritt und ihm die Kommunikation mit seinesgleichen und mit seinem Schöpfer ermöglicht.

Wenn wir uns mit der biblischen Urgeschichte beschäftigen, arbeiten wir also an der Klärung einer der wichtigsten Menschheitsfragen überhaupt. Über das rein historische Interesse hinaus, das die Urgeschichte erweckt, merkt jeder, der sich mit diesen uralten Texten beschäftigt, dass sie ihn in die Grundfragen des Menschseins hineinholen. „Wer bin ich?“ und „Wer ist Gott?“ und „Was wollen die ersten Kapitel der Kapitel mir ganz persönlich sagen?“

Die folgende Auslegung ist von der Überzeugung getragen, dass die ersten elf Kapitel der Heiligen Schrift ein glaubwürdiges Zeugnis der Urgeschichte der Menschheit sind. Weder Jesus noch die Apostel haben an diesem Zeugnis direkt oder indirekt Kritik geübt oder es relativiert. Im Gegenteil, nimmt man die Aussage Hebr 1,2 ernst, dass Gott den gesamten Kosmos durch Christus gemacht hat, dann war der in Jesus von Nazareth menschgewordene Sohn Gottes unmittelbar an allen Schöpfungsakten beteiligt. Dann wiegt also die Nicht-Kritik Jesu am Wortlaut der biblischen Urgeschichtszeugnisse noch schwerer, und wir haben allen Anlass, uns vor vorschnellen Urteilen über die biblische Urgeschichte zu hüten.

Wir sollten darauf achten, welch hohen Stellenwert die Urgeschichte im Neuen Testament hat. Wie eng das Neue Testament mit der biblischen Urgeschichte verzahnt ist, zeigt z. B. die neutestamentliche Lehre von der Herkunft der Sünde. Nach Paulus ist die Sünde durch den ersten Menschen Adam in die Menschheit hineingetragen worden (Röm 5,12). Der Apostel setzt eindeutig die geschichtliche Glaubwürdigkeit des Sündenfallberichts in 1 Mose 3 voraus. Wer sie aufgibt, muss sich der theologischen Konsequenzen bewusst sein. Die apostolische Lehre von der Sünde kann dann nicht mehr aufrechterhalten werden und verkommt zu einem bloßen theologischen Postulat. Ähnlich sieht es bei der apostolischen Erlösungslehre aus. Nach Röm 5,12-19 ist das Erlösungswerk Christi genauso universell wie die verhängnisvolle Tat Adams. Wenn der Fall Adams jedoch als Mythos oder als theologisches Konstrukt zur Erklärung der Sünde angesehen wird, wird die universelle Bedeutung des Falls für die ganze Nachkommenschaft Adams hinfällig und der Vergleich Adam – Christus verliert seinen Sinn. Die Universalität des Erlösungswerks Christi kann dann theologisch nicht mehr unter Hinweis auf den Apostel Paulus begründet werden.

Die vorliegende Auslegung folgt unmittelbar dem biblischen Text, wählt aber zehn Sinnabschnitte, welche die theologischen Schwerpunkte der Urgeschichte markieren. Diese Sinnabschnitte sind teilweise mit der üblichen Kapiteleinteilung der Bibel deckungsgleich, teilweise überschneiden sie diese.

Die folgende Tabelle listet die zehn gewählten Sinnabschnitte auf:

1	Die Erschaffung des Kosmos (1.-4. Tag)
2	Die Erschaffung der Kreatur und die Ruhe Gottes (5.-7. Tag)
3	Mann und Frau im Paradies
4	Der Sündenfall
5	Der Fluch Gottes und die Strafe Gottes
6	Kain und Abel – Kains Nachkommen
7	Die Segenslinie von Adam zu Noah
8	Noah und die Sintflut
9	Die Söhne Noahs, die Völkertafel und der Turmbau zu Babel
10	Die Segenslinie von Sem zu Abram

Über die literarische Struktur der biblischen Urgeschichte gibt es zahlreiche Untersuchungen. Von besonderem Interesse war für diejenigen Ausleger, die an der Glaubwürdigkeit der biblischen Zeugnisse und an der mosaischen Verfasserschaft des Pentateuch festhielten, stets die Frage, wie Mose so genaue Kenntnis bekommen konnte von Zeiträumen und Geschehnissen, die lange vor ihm lagen und stattfanden. Unter ihnen fand in der zweiten Hälfte des 20. Jahrhunderts die These Wisemans großen Anklang, dass das Buch Genesis eine von Mose zusammenfügte Folge von schriftlichen Familienchroniken darstellt, die ihm aufgrund einer langen Überlieferungstradition, die bis in die Zeit vor Noah zurückreicht, zur Verfügung standen. (P. J. Wiseman, New Discoveries in Babylonia about Genesis, London 1946; deutsche Ausgabe: Die Entstehung der Genesis. Das erste Buch der Bibel im Licht der archäologischen Forschung. 4. Aufl. Wuppertal 1987). Diese Auffassung wird in dieser Form heute kaum noch vertreten. Ich schließe mich in dieser Auslegung der Auffassung von Walter Hilbrands/Gießen an, die er auf einem Kongress des Gemeindehilfsbundes und Gemeindenetzwerks im Jahr 2009 vorgetragen hat und die in Form der folgenden Tabelle hier abgedruckt wird (Walter Hilbrands, Der biblische Schöpfungsbericht; Joachim Cochlovius, Das Schöpfungszeugnis des Neuen Testaments, Walsrode 2009,

Schriftenreihe des Gemeindehilfsbundes. Die Veröffentlichung ist erhältlich in der Geschäftsstelle des Gemeindehilfsbundes, Mühlenstraße 42, 29664 Walsrode; E-Mail: info@gemeindehilfsbund.de).

Urgeschichte (1,1-11,26)			
I.	Himmel und Erde	(2,4-4,26)	Erzähltext
II.	Adam	(5,1-6,8)	Genealogie + Erzähltext
III.	Noah	(6,9-9,29)	Erzähltext
IV.	Noahs Söhne	(10,1-11,9)	Tafel + Erzähltext
V.	Sem	(11,10-26)	Genealogie
Patriarchengeschichte (11,27-50,26)			
VI.	Terach (Abraham)	(11,27-25,11)	Erzähltext
VII.	Ismael	(25,12-18)	Genealogie
VII-	Isaak (Jakob-Esau)	(25,19-35,29)	Erzähltext
IX.	Esau	(36,1-37,1)	Genealogie + Liste
X.	Jakob (Josef)	(37,2-50,26)	Erzähltext

Aus der Tabelle geht hervor, dass wir uns die literarische Struktur der Urgeschichte als eine Zusammenfügung von Erzähltexten, Genealogien und einer Tafel vorzustellen haben. Wenn man nun fragt, wie diese alten und uralten Texte den Weg zu Mose gefunden haben könnten, muss man neben der generellen genealogischen Überlieferungstreue des Alten Orients gewiss auch eine besondere göttlichen Fürsorge annehmen, der zufolge in der Sethlinie bis Noah und in der bei den Söhnen Noahs beginnenden bis Abraham reichenden Linie großer Wert auf die genaue Überlieferung der wichtigsten urgeschichtlichen Ereignisse gelegt wurde.

1. Teil: Ein kleiner Glaubenskurs

Unser Glaube an Gott den Schöpfer

Einführung: Der Glaube schenkt Erkenntniserweiterung

Von dem bekannten Theologen Anselm von Canterbury stammt die Aussage „Der Glaube sucht die Erkenntnis". Im Hebräerbrief 11,3 finden wir eine andere Aussage, nämlich dass der Glaube Erkenntnis schenkt. „Durch den Glauben erkennen wir, dass die Welt durch Gottes Wort geschaffen ist". Das bedeutet, der Glaube erweitert den Radius unserer Erkenntnis. In welcher Beziehung? Wir lesen in Hebr 11,1: „Der Glaube ist eine sichere Grundlage für das Erhoffte und eine Bürgschaft für das Unsichtbare". Der Glaube schenkt uns also eine sichere Erkenntnis in Bezug auf das, was die Christen erhoffen und in Bezug auf die unsichtbare Welt. Genau das finden wir dann im weiteren Verlauf des 11. Kapitels ausgeführt.

Die Glaubenszeugen, die hier aufgeführt werden, hatten Erkenntnisse von dem, was sie erhofften, und sie wussten, dass das, was sie hofften, gewiss aus der unsichtbaren Welt in die sichtbare Welt in Erscheinung treten wird. In diesem Sinn wartete Abraham auf das neue Jerusalem (Hebr 11,10). Er hoffte gewiss, dass es ein neues Jerusalem in der neuen Welt Gottes geben wird, und er wusste, dass es einst in Erscheinung treten wird.

Der Glaube durchbricht also die Grenzen von Raum und Zeit. Er durchbricht die Grenzen unserer beobachtbaren Welt, und er durchbricht die Grenzen, die unser zeitliches und räumliches Wahrnehmungsvermögen uns setzt. Er vermag uns Erkenntnisse zu schenken über Tatsachen, die jenseits von Raum und Zeit liegen.

Wörtlich übersetzt heißt Hebr 11,3 „Durch den Glauben erkennen wir, dass die Welt gefertigt worden ist durch das gesprochene Wort Gottes (griech. *rhema*), damit das Sichtbare nicht aus dem sinnlichen Wahrnehmbaren entstehen sollte". Gott wollte es also ausdrücklich, dass die Schöpfung nicht aus schon vorhandener Materie geformt würde, sondern unmittelbar aus seinem Wort. Der Alttestamentler Franz Delitzsch führt dazu aus, dass mit dem „nicht sinnlich Wahrnehmbaren" wahrscheinlich die Gedanken und Pläne Gottes gemeint sind, „die göttlichen Ideen, aus denen die Welt entstanden ist" (Commentar zum Briefe an die Hebräer,

Leipzig 1857, S. 529). Die sichtbare Welt, und nur von dieser ist hier die Rede, ist also aus den Gedanken und Plänen Gottes hervorgegangen. Im Schöpfungsbericht in 1 Mose 1-2,4a finden wir zehnmal den Ausspruch „Und Gott sprach …“ Zehnmal spricht Gott seine Gedanken und Pläne aus. Zehnmal werden sie dadurch in die sichtbare Wirklichkeit umgesetzt. Das Wort Gottes ist also die alleinige Ursache für das Entstehen von Materie. Kein Mensch ist in der Lage, Materie entstehen zu lassen. Und eben dies erkennt der Glaube.

Wer sich durch den Glauben mit dem Hergang der Schöpfung beschäftigt, tritt in eine heilige unsichtbare Wirklichkeit ein, die seinem Denken sonst nicht zugänglich wäre. Er befasst sich mit den Gedanken und Plänen Gottes und mit der allmächtigen Wirkkraft der göttlichen Rede. Ohne Glauben ist es nicht möglich, die Gedanken und Pläne Gottes zu verstehen. Es ist eine tiefe Tragik, dass Charles Darwin nach dem Tod seiner Lieblingstochter Annie den christlichen Glauben an den Gott der Liebe, so wie er sich in Christus offenbart hat, immer mehr verlor, bis er schließlich am Ende seines Lebens sagte: „Der Unglaube beschlich mich ganz allmählich, war aber zuletzt vollständig“.

Nun müssen wir direkt aus der Bibel eine kritische Gegenfrage stellen. Ist denn Glaube wirklich nötig, um die Pläne und Gedanken Gottes zu verstehen? Sagt nicht Paulus in Röm 1,20, dass jeder Mensch schon aus den Schöpfungswerken die ewige Kraft und die Göttlichkeit Gottes erkennen kann, also auch ohne Glauben? Liegt hier nicht ein Widerspruch zu Hebr 11,3 vor? Doch wenn man genau liest, kann man sofort feststellen, dass sich beide Aussagen nicht widersprechen. Paulus meint in Röm 1 die jedem Menschen zugängliche Erkenntnis, dass hinter den Schöpfungswerken ein allmächtiges göttliches Wesen stehen muss, eine Erkenntnis, die den Menschen zu Dankbarkeit und Anbetung führen soll. Hier in Hebr 11 ist eine viel tiefergehende Erkenntnis gemeint, dass nämlich die ganzen Schöpfungswerke aus dem wirkkräftigen Reden Gottes hervorgegangen sind, und das ist eine Erkenntnis, die nur dem Glauben zugänglich ist.

So bleibt es also dabei: ein Verständnis des Schöpfungs*aktes* kann nur der Glaube gewinnen. Nur der Glaube an Christus vermag die göttliche Kraft der gesprochenen Worte Gottes zu erkennen, denn er selber verdankt sich ja solch einer Rede. So habe ich es selbst bei mir erlebt. Bei einem Vortrag von Prof. Wilder-Smith in Erlangen Anfang der 70er Jahre des vergangenen Jahrhunderts wurde mir schlagartig bewusst, dass Gott durch Christus die sichtbare und die unsichtbare Welt erschaffen hat, und dass Christus an keiner Stelle des Neuen Testaments die Schöpfungsaussagen des Alten Testament korrigiert hat.

1. Gottes schöpferisches Handeln nach dem N. T.

Das Neue Testament enthält sowohl in den Evangelien und der Apostelgeschichte als auch in der Briefliteratur und der Johannesoffenbarung wichtige Aussagen zum schöpferischen Handeln des dreieinigen Gottes. Dabei können wir schnell feststellen, dass alle diese Aussagen nur dem Glauben zugänglich sind.

1.1 Gottes schöpferisches Handeln – Ewigkeit in der Zeit

Noch einmal möchte ich bei Hebr 11,3 einsetzen. Die Schöpfung ist ein Vorgang, in der sichtbare Dinge aus dem Unsichtbaren entstehen; die unsichtbaren Gedanken und Pläne Gottes werden durch das Wort Gottes zeitlich und räumlich fassbare Dinge. Die klassische neutestamentliche Aussage für diesen geheimnisvollen Vorgang steht in Röm 4,17: „Gott ruft dem, was nicht ist, dass es sei". Dies steht im berühmten Glaubenskapitel 4 des Römerbriefes, wo der Glaube Abrahams beschrieben wird als ein Glaube, der bereit war, Isaak zu opfern. Weil Abraham durch den Glauben wusste, dass Gott Tote wieder lebendig machen kann, konnte er sich zur Bereitschaft für ein solches Opfer durchringen. Schon für Abraham galt also das, was Hebr 11,1 betont, dass der Glaube eine 100-prozentig gewisse Bürgschaft für das Unsichtbare und eine absolut sichere Grundlage für das Erhoffte ist.

Schöpfung geschieht grundsätzlich nicht „in der Zeit", sie ist kein raumzeitlicher Vorgang, sondern sie ist Einbruch der unsichtbaren Wirklichkeit Gottes in das Sichtbare und damit eine analogielose Neusetzung von Raum und Zeit. Raum und Zeit sind Schöpfungsgrößen, während Gott selbst sowohl außerhalb als auch innerhalb von Raum und Zeit existiert. Das erste, was Gott erschafft, ist Raum und Zeit, und deswegen werden bereits am 1. Schöpfungstag Himmel und Erde, Wasser und Tag, Nacht, Abend und Morgen genannt. Dass die Zeit eine geschaffene Größe ist, hat u.a. auch schon der Kirchenvater Augustin gesagt: „Ohne Zweifel ist die Welt nicht in der Zeit, sondern mit der Zeit geschaffen" (de civitate dei XI,6).

1.2 Christus – der Mittler und Erhalter der Schöpfung

In einem der Grundbekenntnisse der christlichen Kirche, im Nizäno – Constantinopolitanum steht: „Wir glauben an den einen Herrn Jesus Christus, den Sohn Gottes, den einzigartig geborenen, der aus dem Vater vor allen Äonen gezeugt wurde, Licht aus Licht, wirklicher Gott aus wirklichem Gott, gezeugt, nicht geschaffen, wesensgleich mit dem Vater, *durch den alles geworden ist*". Diese letzte Aussage hat ihren neutestamentlichen Bezug in den folgenden Aussagen: 1 Kor 8,6: Durch ihn sind alle Dinge und wir durch ihn"; Kol 1,16: „In ihm ist alles geschaffen"; Hebr 1,2: „Durch ihn hat Gott auch die Welten gemacht". Wir können auch noch an den Johannesprolog Joh 1,3 denken: „Alle Dinge sind durch das Wort (also durch Christus) gemacht".

Wir brauchen eine trinitarische Schöpfungstheologie, wenn wir die Schöpfung verstehen wollen. Der Vater überträgt den Schöpfungsakt der Welt an Christus, genau so wie er auch das Erlösungsgeschehen Christus in die Hände gibt. Ohne ein Ernstnehmen dieser Übertragungsakte bleiben wichtige Aussagen des Neuen Testaments unverständlich. Wenn es z. B. in Joh 1,11 heißt: „Er kam in sein Eigentum, und die Seinen nahmen ihn nicht auf", dann wird die ganze Wucht dieser Aussage nur dann deutlich, wenn man voraussetzt, dass Christus die Welt erschaffen hat und dass sie eben dadurch sein Eigentum wurde.

1.3 Die Teleologie der Schöpfung

Unter Teleologie versteht man die Ziel- und Zweckgerichtetheit. Die Schöpfung ist nicht um ihrer selbst willen erschaffen, sondern zu einem bestimmten Zweck und Ziel. In 1 Kor 8,6 heißt es: „Wir haben einen Gott, den Vater, vom dem alles ist und *auf den hin wir leben*". In Röm 11,36 heißt es: „Von ihm und durch ihn und *zu ihm sind alle Dinge*". Und in Kol 1,16: „Alles ist durch ihn und *auf ihn hin geschaffen*". Der Sinn und Zweck der Schöpfung, der ganzen sichtbaren und unsichtbaren Schöpfung ist es also, Gott zu verherrlichen und ihn zu loben. Das ist auch unser tiefster Daseinszweck als Menschen hier auf dieser Erde, dass wir mit unserem Leben Gott ehren und ihn loben. Dabei ist es nicht etwa so, dass Gott unsere Ehre nötig hätte, sondern umgedreht, indem wir ihn ehren und ihn loben, finden wir zur wahren Sinnerfüllung unseres Lebens.

Die Psalmen wissen, dass die ganze Schöpfung das tut. „Die Himmel erzählen die Ehre Gottes, und Feste verkündigt seiner Hände Werk; Tag und Nacht künden die Ehre Gottes, ohne Sprache und ohne Worte, bis an die Enden der Erde“ (Ps 19,2-5). Mit Ps 148 haben wir sogar ein Lied vor uns, das die gesamte Kreatur zum Gotteslob auffordert. Der erste große Lobgesang vor dem Thron Gottes, den die Johannesoffenbarung schildert, gilt dem Schöpfergott: „Herr unser Gott, du bist würdig, zu nehmen Preis und Ehre und Kraft, denn du hast alle Dinge erschaffen und durch deinen Willen waren sie und wurden geschaffen“ (Offb 4,11).

1.4 creatio continua – das beständige Schöpferwirken Gottes

Nach dem neutestamentlichen Zeugnis existiert die ganze Schöpfung nur deswegen, weil Christus jedes Atom, jedes Molekül, jedes Teil der sichtbaren Welt „durch sein machtvolles Wort“ in der Existenz erhält (Hebr 1,3). Was Prof. Gitt mit dem Stichwort Information bezeichnet, das ist neutestamentlich gesprochen das wirkmächtige Wort Christi. Alles Sichtbare verdankt seine Existenz der Gegenwart Christi. 1 Kor 8,6: „Wir sind durch ihn“. Kol 1,17: „Alles hat in ihm Bestand“. Auch das haben die Psalmbeter schon gewusst. In Ps 104,29ff heißt es: „Nimmst du ihren Odem weg, so vergehen sie“. Der ganze Psalm 104 bezeugt die creatio continua. „Du lässest Wasser in den Tälern quellen“ (Vers 10); „Du feuchtest die Bergen von oben her“ (Vers 13); „Du machst das Land voll Früchte, die du schaffst“ (Vers 13); „Du lässest Gras wachsen für das Vieh“ (Vers 14); „Du machst Finsternis, dass es Nacht wird“ (Vers 20). Selbstverständlich bezeugt auch das Neue Testament die creatio continua. So heißt es z. B. in 1 Tim 4,3 und 4: „Die Speisen, die wir zu uns nehmen, hat Gott geschaffen“.

1.5 Die Wunder Christi – spontane Neuschöpfungen

Von dem innerhalb der Naturgesetze sich vollziehenden schöpferischen Handeln bei der creatio continua muss das außerhalb der Naturgesetze stehende spontane Schöpfungshandeln Christi unterschieden werden, so wie wir es in seinen Wundern vor Augen gestellt bekommen. Ich wähle zur Veranschaulichung die sieben Wunder aus, die das Johannesevangelium überliefert.

Joh 2,1-11: Bei der Hochzeit zu Kana werden spontan organische Moleküle geschaffen (Wein).

Joh 4,46-54: Hier wird die Spontanheilung eines todkranken Kindes berichtet, und zwar als Fernheilung.

Joh 5,1ff: Die Heilung des 38 Jahre bettlägerigen Lahmen am Teich Bethesda ist ein spontan-schöpferisches Handeln Christi, denn ohne unmittelbar neu erschaffenes Muskel- und Hautgewebe hätte dieser Mann nicht sofort laufen können.

Joh 6,1-13: Die Speisung der 5000. Die sog. Brotvermehrung war im Grunde eine Brot*erschaffung* und ebenso auch eine Erschaffung von Fischen.

Joh 6,16-21: Wenn Jesus auf dem Wasser geht und wenn es danach zu einem spontanen Ortswechsel des Schiffes kommt, dann hat er hier einen Raum erschaffen, auf dem er lief, und er hat innerhalb der bestehenden Zeit spontan eine andere Zeit erschaffen, in welcher das Schiff augenblicklich an Land versetzt wurde.

Joh 9: Bei der Heilung des Blindgeborenen werden spontan neue und sehfähige Augen erschaffen.

Joh 11: Bei der Auferweckung des Lazarus wird ein kompletter lebensfähiger menschlicher Organismus neu erschaffen.

Bei all diesen Wundern vollzieht Jesus eine spontane und komplette Neuschöpfung. Wenn wir fragen, welche Bedeutung diese Wunder letztlich hatten und haben, dürfen wir nicht bei ihrer Wirkung auf die damaligen Menschen stehen bleiben. Hier geschah viel mehr. Hier werden punktuell die sechs Schöpfungstage wiederholt, ja noch viel mehr: hier werden die neue Erde und der neue Himmel vorweggenommen, die Freude des neuen Menschen auf der neuen Erde, die neue Leiblichkeit auf der neuen Erde und überhaupt die neuen Lebensbedingungen auf der neuen Erde.

1.6 Die Neuschöpfung des Menschen durch den Glauben

Auch die Neuwerdung des Menschen durch seine Glaubenshinwendung zu Christus ist ein schöpferischer Akt Gottes, durch den der betreffende Mensch in ein neues Sein und in eine neue Wirklichkeit versetzt wird. Sehen wir uns die verschiedenen Aspekte dieses Schöpfungsvorgangs einmal näher an:

Gott versetzt ihn „in das Reich seines lieben Sohnes“ (Kol 1,13). Gott erweckt ihn auf und versetzt ihn in „die himmlische Wirklichkeit in Christus Jesus“ (Eph 2,4-6). Nun lebt „Christus in ihm“ und ist zu seinem wahren Leben geworden (Gal 2,20). Was ihn bisher ausgefüllt, bestimmt und gebunden hat, ist vergangen (2 Kor 5,17). Der Mensch wird ein zweites Mal geboren und empfängt eine lebendige Hoffnung (1 Petr 1,3). Der

Mensch wird gerecht gesprochen, d. h. er wird vor Gott richtig gemacht (Phil 3,9).

In 2. Kor 4,6 wird diese Neuschöpfung des Menschen direkt mit dem Schöpfungsakt Gottes bei der Erschaffung des Lichtes am Anfang der Welt verglichen: „Denn Gott, der sprach: Licht soll aus der Finsternis hervorleuchten, der hat einen hellen Schein in unsere Herzen gegeben".

Die Neuschöpfung des Menschen kommt zu ihrem endgültigen Ziel, wenn die Gemeinde Jesu bei der Wiederkunft Jesu zu ihm hin entrückt wird und ihr himmlisches Erbe, den Herrlichkeitsleib empfängt (1 Joh 3,2; Kol 3,4).

1.7 Die Neuschöpfung von Himmel und Erde

Schließlich gehört zum neutestamentlichen Schöpfungszeugnis auch die Verheißung, dass Christus nach seiner Wiederkunft und nach den Gerichtsgeschehnissen Himmel und Erde neu erschaffen wird. Petrus erwartet einen neuen Himmel und eine neue Erde, in denen Gerechtigkeit wohnt (2 Petr. 3,13). Vorher werden der alte Himmel und die alte Erde im Feuer zergehen bzw. gereinigt. Alles Widergöttliche muss gerichtet werden, bevor es zur Neuschöpfung von Himmel und Erde kommen kann. Aber schließlich heißt es: „Siehe ich mache alles neu" (Offb 21,5). Das *neue* Jerusalem senkt sich auf die *neue* Erde, das *neue* Israel wird Priester- und Königsvolk für eine *neue* Menschheit sein.

1.8 Zusammenfassung

1. Jegliches Schöpfungsgeschehen ist analogielos, wir können Schöpfungsvorgänge weder denken noch untersuchen. Hier tritt Ewigkeit in die Zeit.
2. In allen Schöpfungsakten ist Christus der Akteur. Deswegen gehört die ganze sichtbare und unsichtbare Schöpfung ihm.
3. Die gesamte Schöpfung ist auf das Ziel hin erschaffen, Gott zu loben und zu verherrlichen. Es gibt ein unhörbares Gotteslob der unbelebten Schöpfung und ein wie auch immer geartetes wahrnehmbares Gotteslob der belebten Kreatur. Nur der unerlöste Mensch und die Dämonen stimmen in dieses Lob nicht ein.
4. Neben den Schöpfungsakten, die das, was nicht war, ins Dasein stellen, gibt es das immerwährende Schöpfungshandeln Gottes, das die Schöp-

fung im Dasein erhält und das innerhalb der Naturgesetze und durch sie unablässig stattfindet.

5. Die Wunder Jesu sind als punktuelle Vorwegnahme der Neuschöpfung von Himmel und Erde zu verstehen.
6. Seit Pfingsten gibt es das Wunder der Neuschöpfung des Menschen durch den Glauben an Jesus Christus. Diese Neuschöpfung kommt zum Ziel bei Jesu Wiederkunft im Empfang einer neuen Leiblichkeit.
7. Der große abschließende Schöpfungsakt bei Jesu Wiederkunft wird die Neuschöpfung von Himmel und Erde, die Erneuerung Israels und der Völker sein.

2. Der Schöpfungsbericht im Licht des N. T.

Nehmen wir Hebr 11,3 ernst, dass es eine wirkliche Erkenntnis der Schöpfung nur durch den Glauben gibt, dann gilt es, im Licht des neutestamentlichen Schöpfungszeugnisses noch einmal auf den biblischen Schöpfungsbericht zu hören. Welche neuen Erkenntnisse vermittelt er uns, wenn wir ihn im Licht der sieben aufgeführten Aspekte des neutestamentlichen Schöpfungszeugnisses hören?

2.1 Die erste und die wichtigste Erkenntnis besteht darin, dass wir von einer immateriellen geistigen Vorlage der Schöpfung ausgehen müssen. Alles Sichtbare ist aus Nicht-Sichtbarem gemacht worden (Hebr 11,3b). Der Schöpfungsvorgang war also eine Materialisation göttlicher Gedanken. Die Formulierung in Röm 4,17, dass Gott dem, was nicht ist, ruft, dass es sei, wie auch der Hergang der Wunder Jesu führen weiter zu der Erkenntnis, dass die göttlichen Schöpfungsprozesse in kürzester Zeit stattfinden. Dem wörtlichen Verständnis des Schöpfungsberichts im Sinn einer Sechs-Tage-Schöpfung steht also nichts entgegen.

2.2 Die im ganzen N.T. bezeugte Mittlerschaft Christi bei der Schöpfung führt zur Erkenntnis, dass die Sechs-Tage-Schöpfung durch Christus ausgeführt wurde. Die Mitwirkung des Geistes ist in 1 Mose 1,2 erwähnt, die Mitwirkung Christi ist wahrscheinlich in der Pluralform „Lasset uns Menschen machen …“ (1 Mose 1,26) ausgesprochen. Damit steht die gesamte sichtbare und unsichtbare Welt in einem direkten Eigentumsverhältnis zu Christus.

2.3 Das N.T. kennt keine ziellose Schöpfung, sondern nennt als Ziel und Zweck alles Geschaffenen das Lob und die Ehre Gottes. Der Glaube erkennt also, dass alle Dinge zu Gott hin erschaffen sind (Röm. 11,36).

2.4 Eine vierte Glaubenserkenntnis ist die creatio continua, das unablässige Schöpfungshandeln des Dreieinigen Gottes. Christus trägt alles „durch sein machtvolles Wort“ (Hebr 1,3). Die ganze Schöpfung ist auf Dauer angelegt, die Gestirne, Tag, Nacht, die Fruchtbarkeit der belebten Kreatur und die Konstanz der Arten, all diese Schöpfungsakte dienen der Dauerhaftigkeit der Schöpfung, die schließlich in die Neuschöpfung von Himmel und Erde einmündet.

2.5 Gleichzeitig lassen die Wunder Jesu erkennen, dass die Hinfälligkeit der ersten Schöpfung kein Dauerzustand bleibt, sondern dass sie auf einen neuen Himmel und eine neue Erde hin angelegt ist, wo Gerechtigkeit wohnen wird (2 Petr. 3,13).

2.6 Der Glaube erkennt aus dem neutestamentlichen Schöpfungszeugnis, dass die Ebenbildlichkeit des Menschen (1 Mose 1,26), die im Sündenfall verloren ging, seit Pfingsten wieder eine reale Möglichkeit geworden ist. Im Glauben an Christus wird der Mensch zum Ebenbild Gottes umerschaffen und erneuert.

2.7 Die neutestamentliche Hoffnung auf einen neuen Himmel und eine neue Erde schenkt eine richtige Einschätzung der ersten Schöpfung. Unsere Welt ist weder die beste noch die schlechteste aller möglichen Welten. Sie ist nicht die beste, weil sie unter der göttlichen Strafe der Vergänglichkeit leidet. Sie ist aber auch nicht die schlechteste, denn sie ist trotz ihrer Vergänglichkeit für den Menschen eine Dokumentation der ewigen Kraft und Göttlichkeit Gottes ist. Die Spuren des „sehr gut“ (1 Mose 1,31) sind trotz ihrer Vergänglichkeit noch zu erkennen, d. h. die Spuren ihrer ursprünglichen Schönheit und Zweckmäßigkeit.

Wenn Christus wiederkommt und in einem grandiosen Schöpfungsakt die Vergänglichkeit von ihr nimmt, dann wird die ursprüngliche Schönheit und Zweckmäßigkeit wieder hergestellt und übertroffen werden, denn dann wird der Sinn und Zweck der ersten Schöpfung erreicht sein und die neue Menschheit auf der neuen Erde wird Gott dankbar die Ehre geben.

3. Evolutionistische Basissätze sind unvereinbar mit dem N.T.

3.1 Die Hypothese, dass der Tod unabänderlich zur Natur gehört und unverzichtbar ist für eine Höherentwicklung der Arten, ist unvereinbar mit der biblischen Bewertung des Todes als eines erst nachträglich zur Schöpfung hinzugekommenen historischen Strafgeschehens.

„Sterblichkeit ist ein Jungbrunnen der Evolution durch Mutation und Selektion". „So schmerzhaft auch der Verlust des Gewohnten, so ermunternd die Aussicht auf Neues, wo es sich ereignet". (Hubert Markl, Vom Nutzen der Vergängnis, der Knappheit und des Zufalls", FAZ 11.2.2009)

Der evolutionistischen Deutung des Todes steht die biblische Feststellung gegenüber, dass die Sünde und mit ihr der Tod durch Adam in die Welt gekommen sind (Röm 5,12-19). Die Sünde Adams machte alle zu Sündern und brachte allen den Tod. Der Tod ist in der biblischen Sicht ein Strafgeschehen und kein Naturgeschehen. Das Leben existiert nicht wegen des Todes, sondern trotz des Todes. Röm 5,12 und 18: „Deshalb, wie durch einen Menschen die Sünde in die Welt gekommen ist und der Tod durch die Sünde, so ist der Tod zu allen Menschen durchgedrungen, weil sie – nämlich in dem einen Menschen – alle gesündigt haben, ..., wie also durch die Sünde des Einen die Verdammnis über alle Menschen gekommen ist, so ist auch durch die Gerechtigkeit des Einen die Gerechtmachung, die das Leben schenkt, für alle Menschen gekommen".

3.2 Die Hypothese von der Selbstorganisation der Materie und der selbsttätigen Anpassung der Individuen an die Umwelt ist unvereinbar mit dem biblischen Schöpfungszeugnis, das eine selbsttätige Organisation der belebten und unbelebten Natur ausschließt, sondern ihre Existenz und Funktionalität ausschließlich auf die Wirkkraft des Wortes Gottes und auf die Fürsorge Gottes zurückführt.

„Darwins Antwort heißt: schrittweise, stückweise Veränderungen aus einfachen Anfängen, aus Urgebilden, die einfach genug waren, um durch Zufall entstehen zu können. Jede der aufeinander folgenden Veränderungen in dem schrittweisen Evolutionsprozess war gegenüber ihrem Vorgänger so einfach, dass sie zufällig erfolgen konnte. Betrachtet man die Komplexität des letztgültigen Endprodukts im Vergleich zu dem ursprünglichen Ausgangsprodukt, so ist die gesamte Folge kumulativer Schritte jedoch alles andere als zufällig. Gelenkt wird der kumulative Prozess durch nichtzufälliges Überleben." (Richard Dawkins. Der blinde Uhrmacher, München 1987, S. 61)

Demgegenüber stellt die biblische Schöpfungslehre fest, dass weder die unbelebte Natur noch die Kreatur zu eigener Selbstorganisation und Anpassung an die Umwelt fähig sind, sondern dazu eine geistige Steuerung und personale Fürsorge benötigen, nämlich die creatio continua Gottes. „Alles hat *in ihm* Bestand“ (Kol 1,17). „Ich will das Schwache stärken“ (Hes 34,16). „Herr, du hilfst Menschen und Tieren“ (Ps 36,7).

3.3 Die Annahme einer Evolution geistiger Fähigkeiten im Zuge einer allmählichen Menschwerdung ist unvereinbar mit der direkten Geistverleihung an das erste Menschenpaar durch Gott.

Die Denkansätze der „evolutionären Erkenntnis“ und der „evolutionären Ethik“ nehmen eine ungesteuerte Entwicklung und Vervollkommnung der geistigen Eigenschaften des Menschen an, was zu hochgespannten Hoffnungen führt.

„Aufgabe ist vielmehr, den Menschen als das zu erfassen, was er wirklich ist. Ein Wesen, das phylogenetisch entstanden ist, das aber aufgrund seiner kulturellen Entwicklung potentiell die Möglichkeiten besitzen könnte, nach den Wertmaßstäben der Moral inhumanes Verhalten zu überwinden“. (Jochen Oehler, Zur Evolution der Evolutionstheorie, in: Gott oder Darwin? Vernünftiges Reden über Schöpfung und Evolution. Berlin und Heidelberg 2008, S. 139). „Wir wären eine dritte Schimpansenart geblieben, hätte der Mensch nicht entwickelt, was ihn weit mehr als unser Äußeres und unser den Schimpansen gegenüber physisch fast gleichartiges Inneres aus der Tierwelt heraushebt, nämlich Sprache und Kultur“ (Josef H. Reichholf, Hominisation – Die Evolution des Menschen“, in: Gott oder Darwin? Vernünftiges Reden über Schöpfung und Evolution, Berlin und Heidelberg 2008, S. 166).

In dieser Sichtweise sind Gewissen, Geist, Sprache, Glaubensfähigkeit, Liebesfähigkeit Produkte evolutionärer Prozesse, die aus niedrigeren Vorformen kommen und das Potential zu weiterer Vervollkommnung in sich tragen.

Demgegenüber steht die Aussage im biblischen Schöpfungszeugnis, dass Gott den Menschen als einziges Lebewesen zur Gottesebenbildlichkeit berufen hat (1 Mose 1,26). Die Geistverleihung war ein Akt persönlicher Zuwendung Gottes zum Menschen, durch den er aus der ganzen sonstigen Kreatur herausgehoben wurde (1 Mose 2,7), keineswegs ein ungesteuerter rein materieller evolutionärer Prozess. Der menschliche Geist und damit die Sprache, das Gewissen, Glaube und Liebe verdanken sich einer fortwährenden schöpferischen Tat Gottes an jedem Menschen. Beendet Gott diese creatio continua, muss der Mensch sterben. „Nimmst du weg ihren Odem, so vergehen sie und werden wieder zu Staub“ (Ps 104,29).

3.4 Die evolutionistische Bestreitung der Teleologie, also der Zielgerichtetheit der Natur ist unvereinbar mit der gesamtbiblischen Aussage, dass alles auf Gott hin erschaffen wurde.

„Alles, was wir feststellen ist, dass biologische Merkmale bestimmte Funktionen erfüllen, die ihrem Besitzer in gewisser Hinsicht einen Selektionsvorteil bescheren. Funktionen und Selektionsvorteile lassen sich demnach nur per definitionem zu Zwecken und Zielen erklären" (Martin Neukamm, Wissenschaft und ontologischer Naturalismus. Eine Kritik antievolutionistischer Argumentation. In: Ulrich Kutschera, Kreationismus in Deutschland, Fakten und Analysen, Berlin 2007, S. 203). „Die natürliche Zuchtwahl … zielt auf keinen Zweck" (Richard Dawkins, Der blinde Uhrmacher. Ein neues Plädoyer für den Darwinismus, München 1987, S. 18).

Die Annahme von Zwecken bzw. Zielen oder einer Planmäßigkeit wird in der Evolutionsbiologie als eine unstatthafte und unwissenschaftliche Hineinprojektion subjektiver Spekulationen angesehen.

Demgegenüber stellt das biblische Zeugnis fest, dass Gott die Schöpfung zu sich hin erschaffen hat. Die ganze Kreatur hat ihren eigentlichen und letzten Daseinszweck darin, Gott zu loben, und insbesondere der Mensch ist berufen, Gott die Ehre zu geben. „Herr, wie sind deine Werke so groß und viel! Du hast sie alle weise geordnet, und die Erde ist voll deiner Güter" (Ps 104,24). „Wenn ich sehe die Himmel, deiner Finger Werk, den Mond und die Sterne, die du bereitet hast: was ist der Mensch, dass du seiner gedenkst, und des Menschen Kind, dass du dich seiner annimmst?" (Ps 8,4f) „Von ihm und durch ihn und *zu ihm* sind alle Dinge. Ihm sei Ehre in Ewigkeit! Amen" (Röm 11,36).

4. Die sog. Theistische Evolution

„Wenn wir Gott als Schöpfer bekennen und zugleich die moderne Biologie als menschliche Naturerkenntnis in den Grenzen menschlichen Wissens akzeptieren, bedeutet das, die Evolution als Ausdruck von Gottes Schöpferwillen zu verstehen" (Hansjörg Hemminger in: Evangelische Zeitung 41/2008).

Diese Auffassung, dass Gott durch die Evolution im Sinne Darwins und in der Evolution gewirkt hat und wirkt, ist unvereinbar mit dem biblischen Schöpfungszeugnis. Die Basissätze der Evolutionslehre sind nicht kompatibel mit den Prinzipien, nach denen Gott schöpferisch wirkt. Gott erschafft Leben nicht auf der Grundlage des Todes, sondern er beendet die Macht des Todes durch die Auferweckung Christi. Gott erschafft die Materie nicht für eine ziellose Selbstorganisation, sondern formt sie zur unbelebten oder belebten Kreatur und gewährleistet ihre Existenzform durch sein schöpferisches Wort unter den Bedingungen der von ihm verfügten Vergänglichkeit. Gott erschafft den Menschen und den menschlichen Geist nicht auf dem Wege allmählicher Höherentwicklung aus tierischen Vorformen, sondern durch einen ganzheitlichen Schöpfungsakt unter der Verheißung der Ebenbildlichkeit. Gott erschafft nicht ziellos, sondern alles „zu ihm hin", zur Verherrlichung seines Namens.

5. Denken und Glauben angesichts des Schöpfungsberichts

1687 hat Isaak Newton sein epochemachendes Werk „Die mathematischen Prinzipien der Physik" veröffentlicht. Den biblischen Schöpfergott aus seinen Untersuchungen auszuklammern wäre ihm nie in den Sinn gekommen. Ausdrücklich bekennt er sich zu ihm als dem allmächtigen Schöpfer und alleinigen Herrn des Universums. „Eine solche überaus geschickte Anordnung der Sonne, der Planeten und Kometen konnte nur dem Plan und der Herrschaft eines einsichtigen und mächtigen Wesens entspringen … Er lenkt alles … als der Herr über das Universum … und als ganz und gar vollkommenes Wesen". Naturwissenschaftliche Arbeit auf der Grundlage von Hebr 11,3, also auf der Grundlage des Glaubens an den biblischen Gott, der durch sein Wort alles erschafft und erhält, ist immer wieder bis heute geleistet worden, und ihr Vorteil war immer der größere Erkenntnisradius, den der Glaube schenkt. Naturwissenschaftliche Arbeit ohne diese Grundlage bleibt dort, wo sie zu den Grundfragen der Entstehung der Welt und des Lebens Stellung bezieht, notwendigerweise im Nebel materialistischer und naturalistischer Hypothesen gefangen. Weder über die Herkunft noch über das Ziel der Schöpfung noch über das Wesen von Tod und Vergänglichkeit kann sie befriedigende Antworten geben. Entgegen aller menschlichen Erfahrung muss sie eine intelligente Materie behaupten, die sich selbst organisiert und über unermesslich riesige Zeiträume zum Menschen aufsteigt.

Angesichts dieser Defizite und logischen Zumutungen wirkt es ziemlich anmaßend, wie sich ein führender Evolutionsbiologe über den christlichen Glauben und den biblischen Schöpfergott äußert: „Die Vorstellung, dass geistförmige Wesen im Himmel schweben, die hier unten irgend etwas regeln, halte ich für absurd". Und im Blick auf die ausgestorbenen Tierarten: „Wenn es ein übernatürliches Geistwesen als Schöpfer gäbe, dann war diese biblische Größe ziemlich bösartig eingestellt" (Ulrich Kutschera, Darwin hat die Biologie befreit", Rhein. Merkur 8.1.2009).

Jeder der den biblischen Schöpfungsbericht auslegt, gelangt schnell zu der ganz persönlichen Frage, ob er diesem Text Glauben schenkt oder nicht. Die *creatio ex nihilo*, die Erschaffung aus dem Nichts, ist für uns Menschen ein absolut unvorstellbarer Akt. Die Sechs-Tage-Schöpfung ist für jeden evolutionistisch geschulten Menschen eine große Zumutung. Die Vorstellungs- und Denkblockaden und dementsprechend die Vorbehalte vieler Menschen gegenüber dem biblischen Schöpfungszeugnis sind dementsprechend groß. Diese Denknöte können sogar zu einer Ablehnung des ganzen christlichen Glaubens führen. Prof. Dr.-Ing. Werner Gitt weist in einem seiner Bücher auf eine Umfrage unter Jugendlichen hin, nach welcher über 50 Prozent der Befragten erklärten, „dass sie deshalb nicht an Gott glauben, weil der biblische Schöpfungsbericht durch die Wissenschaft widerlegt sei" (Werner Gitt und Manfred Wermke, Schöpfung oder Evolution, Seewis/Uhldingen 1979, S. 5).

Der Schöpfungsbericht lässt dem Ausleger und Leser letztlich nur drei Möglichkeiten offen. Entweder lehnt er ihn als für sein Denken unzumutbar ab, oder er passt ihn an seine Vorstellungs- und Denkhorizonte an, oder er nimmt wie Paulus alles Denken gefangen in den Gehorsam gegen Christus (2 Kor 10,5). Die Entscheidung hängt von seinem Selbstverständnis und von seinem Gottesbild ab. Nur wenn er bereit ist, Gott Gott sein zu lassen und dem lebendigen Gott wirklich zutraut, dem, was nicht ist zu rufen, dass es sei (Röm 4,17), wird er sich für die Unterordnung seines Denkens unter den Glauben entscheiden. Dabei wird er dann jedoch bald merken, dass der Glaubensgehorsam seinen Denkhorizont nicht einschränkt, sondern erheblich erweitert.

Den dritten Weg zu gehen, legt sich auch durch die Tatsache nahe, dass nach der Überlieferung des N.T. Jesus keinen Anlass gesehen hat, die ersten Kapitel der Bibel zu kritisieren oder zu relativieren, wie Prof. Wilder-Smith in seinen Vorträgen immer wieder herausstellte. „Wenn Christus selbst glaubte, dass Adam und Eva im physisch und wörtlichen Sinn das erste Menschenpaar im Garten Eden darstellte und es danach zur Versuchung durch die Schlange und zum Sündenfall kam, dann werden wir, wenn wir Christen sind, in dem Augenblick in Schwierigkeiten geraten, wenn wir diese Berichte, vom wissenschaftlichen Standpunkt aus gesehen, unsinnig oder, vom theologischen Standpunkt aus, mythologisch nennen“ (A. Ernest Wilder-Smith, Herkunft und Zukunft des Menschen, Neuhausen-Stuttgart, 3. Aufl. 1976, S. 291).

Anmerkung: Der Text dieses Kapitels wurde aus der auf S. 12 genannten Veröffentlichung übernommen und für das vorliegende Buch überarbeitet.

2. Teil: Auslegung

1. Die Erschaffung des Kosmos (1.-4. Tag)

1 Mose 1,1-19

Die biblische Urgeschichte ist einzigartig in der Weltliteratur. Man findet in der gesamten antiken Literatur kein Dokument, das in so komprimierter und gleichzeitig dichterisch vollendeter Form den gesamten Zeitraum von der Erschaffung der Welt über die Entstehung der Völker bis hin zur Besiedlung der Erde beschreibt.

Auch der Schöpfungsbericht ist einzigartig. Es gibt zwar in vielen Kulturen kosmogonische Mythen, aber in ihnen schwingt immer ein nationales Pathos mit, was im biblischen Bericht völlig fehlt. Nur der biblische Schöpfungsbericht führt die Existenz des Seins auf das wirkmächtige Wort eines unsichtbaren Gottes zurück. Die Kosmogonien der Völker fallen mit ihren oft blutrünstigen Göttergeschichten im Vergleich mit der Darstellung des Schöpfungsberichts deutlich ab.

Der hebräische Gottesbegriff in 1 Mose 1,1-2,4a lautet *Elohim.* Mit einer solchen Pluralform drückt das Hebräische gern die Steigerung des Begriffs aus (Franz Delitzsch spricht von einem „intensiven" Plural, Neuer Commentar über die Genesis, 5. Aufl. Leipzig 1887, S. 48). Dieser Gottesbegriff will die Göttlichkeit und die Allmacht Gottes unterstreichen. Dass in der Paradiesgeschichte (1 Mose 2,4b-25) ein anderer Begriff für Gott verwendet wird, nämlich *Jahwe,* ist nicht notwendigerweise in zwei verschiedenen Quellen begründet, sondern kann am besonderen Charakter der Paradieserzählung als Schilderung der Beziehung zwischen Gott und dem ersten Menschenpaar liegen, denn *Jahwe* bezeichnet Gott als den, der zu den Menschen in Beziehung tritt.

Der biblische Schöpfungsbericht legt großen Wert auf die Dauer von sechs Tagen. Alle Schöpfungsakte finden im Verlauf von sechs Tagen statt, die ausdrücklich durch Abend und Morgen voneinander abgegrenzt werden. Es gibt keinen stichhaltigen Grund dafür, die Schöpfungstage nicht für 24-Stunden-Tage zu halten. Auch die Begründung des Sabbatgebots bei der Sinai-Gesetzgebung 2 Mose 20,8-11 nötigt zum wörtlichen Verständnis der Schöpfungstage.

Nach den Schöpfungsakten am sechsten Tag wird die Gesamtschöpfung „sehr gut“ genannt, sonst „gut“. Der hebräische Begriff bezeichnet die Schönheit und die Zweckmäßigkeit dessen, was Gott erschafft.

Es gibt eine interessante Parallelität zwischen dem 1.-3. Schöpfungstag und dem 4.-6. Schöpfungstag, wenn man die Schöpfungsakte dieser zwei Reihen vergleicht. Am 1. Tag wird das Licht erschaffen, am 4. Tag die Lichtträger. Am 2. Tag wird die Teilung des Wassers vollzogen und damit der Lebensraum der Wasser- und Lufttiere geschaffen, am 5. Tag werden die Wasser- und Lufttiere erschaffen. Am 3. Tag stiftet Gott den Fruchtbarkeitssegen für die Pflanzenwelt und bereitet das Kulturland vor, am 6. Tag werden die Pflanzen zur Nahrungsquelle für Landtiere und Mensch erklärt und das Kulturland wird besiedelt.

Erster Schöpfungstag (V. 1-5): Die beiden ersten Schöpfungsakte lassen Himmel und Erde entstehen. Mit „Himmel“ ist der ganze Raum des Universums gemeint, noch ohne Himmelskörper, die erst am 4. Tag erschaffen werden. Die Erde bekommt im Schöpfungsbericht eine einmalige Sonderstellung, ja sie darf als räumlicher und inhaltlicher Mittelpunkt der gesamten Schöpfung gelten. Die Aussage, dass die Erde noch wüst und leer war (hebr. *tohuwabohu*), muss nicht als Hinweis auf ein anfängliches Chaos gedeutet werden. Wozu sollte Gott seine von ihm selbst als gut bzw. sehr gut qualifizierte Schöpfung mit einem Urchaos beginnen?

Mit V. 3 tritt das schöpferische Wort Gottes in Aktion. Damit sind V. 1 bis 3 ein deutlicher Hinweis auf Gottes Dreieinigkeit. Gott Vater ist der Handelnde, Gottes Wort ist das Mittel, wobei nach Joh 1,1 das Wort Gottes der Sohn selbst ist, und Gottes Geist ist die ausführende Kraft.

Himmel und Erde sind noch finster und damit noch lebensfeindlich. Als dritten Schöpfungsakt erschafft der Dreieinige Gott das Licht. Ohne Licht gibt es kein Leben, ohne Erleuchtung kein ewiges Leben (2 Kor 4,1-6). Das Licht ist noch nicht an Himmelskörper gebunden. Die Erde dreht sich schon, denn es wird Abend und Morgen.

Zweiter Schöpfungstag (V. 6-8): Die Erde ist noch von Wassermassen umschlossen. Gott erschafft eine Feste (wörtl. „Gestampftes“ bzw. „Ausgedehntes“) um die Erde herum, unseren Luftraum, der die Wassermassen teilt. Ein Teil des Wassers wird der Erde zugeordnet und wird am 3. Schöpfungstag das Meer. Der andere Teil wird über der Feste aufbewahrt, der später bei der Sintflut sich durch die „Fenster des Himmels“ auf die

Erde ergießt (1 Mose 7,11). Die Feste wird interessanterweise nicht „gut" genannt, vielleicht deswegen, weil sie nach Eph 6,12 zur Behausung der gefallenen Engel wurde.

Dritter Schöpfungstag (V. 9-13): Zweimal werden die Schöpfungswerke dieses Tages gut genannt, und zwar die Teilung der Erde in Meer und trockenes Land und die Pflanzenwelt. Das trockene Land kann nun die Pflanzenwelt aufnehmen und damit die Nahrung für die Landtiere und den Menschen abgeben. Augenblicklich lässt Gott Gräser, Pflanzen und Bäume entstehen (vgl. Ps 33,9 „Gott spricht, und es geschieht").

Besonders wird betont, dass die Pflanzenwelt auf Artenkonstanz hin erschaffen ist. Die Annahme der Evolutionslehre, dass sich völlig neue Arten aus vorhandenen Arten allein durch die Prinzipien der Mutation und Selektion entwickeln könnten, steht der gottgewollten Artenkonstanz krass entgegen.

Vierter Schöpfungstag (V. 14-19): In Parallelität zum 1. Schöpfungstag werden jetzt die für die Erde lebensnotwendigen lichttragenden Himmelskörper sowie die gesamten übrigen Sternen- und Planetenwelten erschaffen. Besonders hervorgehoben werden nur die Sonne und der Mond, während der ganze übrige unermessliche Kosmos nur mit dem einen Begriff „Sterne" erwähnt wird. Auch damit wird unterstrichen, dass der Schöpfungsbericht die Erde in den Mittelpunkt des Universums stellt. Sonne, Mond, Planeten und Fixsterne werden von Gott „an die Feste" gesetzt. Damit ist nicht gemeint, dass sie unmittelbar über dem Luftraum befestigt werden, sondern dass sie dem Luftraum gegeben werden, der ihr Licht an die Erde weitergibt.

Die Lichtträger bekommen eine vierfache Funktion:

1.) Die Sonne soll den Tag und der Mond soll die Nacht „regieren". Das bedeutet, dass der Tag auf die Sonne und die Nacht auf den Mond angewiesen sind. Ohne Sonne und Mond gäbe es kein Leben und keinen Ebbe-Flut-Rhythmus.

2.) Sonne, Mond und Sterne sollen „Zeichen" sein und „Zeiten" bestimmen. Bestimmte Himmelskörper kann Gott zu bestimmten Zeiten als „Zeichen" für die Menschen einsetzen. Jos 10,12 ist ein solcher Hinweis, aber auch der Stern bzw. Himmelskörper, dem die drei Weisen folgten auf ihrem Weg zum neugeborenen König der Juden. Sonne und Mond bestimmen auch die Jahreszeiten, je nach der Stellung der Erde.

3.) Sonne und Mond sollen auch die Tage und Jahre gewährleisten. Die Tageszeiten und die Jahreszeiten hängen von diesen beiden Himmelskörpern ab.

4.) Sonne, Mond und Sterne sollen auf die Erde scheinen, also Licht abgeben für die Photosynthese der Pflanzen und das ganze kreatürliche Leben, aber auch Wärme als Grundbedingung für Wachstum und Leben.

2. Die Erschaffung der Kreatur und die Ruhe Gottes (5.-7. Tag)

1 Mose 1,20-23

Fünfter Schöpfungstag (V. 20-23): Dieser Tag steht in Entsprechung zum 2. Schöpfungstag. Das im Meer gesammelte Wasser wird mit unzähligen Wassertieren und der Luftbereich unmittelbar unter der Feste wird mit Vögeln gefüllt. Fische und Vögel können sich im Unterschied zur Pflanzenwelt bewegen. Bewegung ist also ein hervorstechendes Prinzip des kreatürlichen Lebens, deswegen erscheint der Ausdruck für „Leben" erst am 5. Schöpfungstag (V. 21). Die Tierwelt und der Mensch tragen das Leben in sich, die Pflanzenwelt bezieht ihr Leben aus der Erde, die Pflanzen gelten deswegen nicht als „Lebewesen".

Auch die Wasser- und Lufttiere werden „nach ihrer Art" erschaffen. Auch bei ihnen legt Gott absoluten Wert auf die Artenkonstanz. Interessant ist ferner, dass Gott die Wasser- und Lufttiere persönlich anspricht (V. 22), was er den Pflanzen gegenüber nicht getan hat. Als „Lebewesen" werden sie mit dem Fruchtbarkeitssegen ausgestattet und dürfen nun die Wasser- und Lufträume füllen. Man kann durchaus sagen, dass die ganze Tierwelt Gott besonders am Herzen liegt. Das geht deutlich aus Jona 4,11 hervor, aber auch aus Röm 8,19, wo Paulus vom Seufzen der Kreatur spricht, und vor allem aus den prophetischen Verheißungen, die der Tierwelt für die neue Erde ganz neue Lebensbedingungen in Aussicht stellen (z. B. Jes 11,6f).

Exkurs: Die Botschaft der Schöpfung

Es lohnt sich, die von der Schöpfung ausgehende Botschaft zu hören. Gott selber qualifiziert seine Schöpfungswerke als „schön" und „zweckmäßig". Das bedeutet, dass der Mensch an ihnen seine Begriffe von Schönheit und Funktionalität ausbilden soll.

Gott herrscht über seine ganze Schöpfung mit Verantwortung, Schutz und Fürsorge. Er prägt ihr seine eigene kommunikative Wesenhaftigkeit ein und gewährleistet auf diese Weise ihre Existenz. Jedes Teil ist für das Ganze da, alles lebt vom Nehmen und Geben. Paulus sagt, dass aus den Werken der Schöpfung auf Gottes unsichtbares Wesen, nämlich auf seine göttliche Kraft und göttliche Majestät geschlossen werden und auf diese Weise Gott geehrt werden soll (Röm 1,20). Es ist immer ein immenser

Verlust für den christlichen Glauben, wenn Christen teilnahmslos an der Schöpfung Gottes vorbeigehen. Es gilt, die ungeheure Kraft zu entdecken und staunend zu ermessen, die den ganzen Makrokosmos und Mikrokosmos erschaffen hat und am Leben und in Funktion erhält. Die Psalmen sind voll Staunen, Lob und Anbetung angesichts der Schöpfungswerke Gottes.

Die Betrachtung der Schöpfung Gottes, ihrer Schönheit und Zweckmäßigkeit, darf jedoch für den Christen kein Selbstzweck sein. Vielmehr ist er aufgerufen, die Predigt zu hören, die von den Schöpfungswerken ausgeht. Die unendliche Kraft, die das Weltall trägt, gilt auch mir. „Der Wolken, Luft und Winden gibt Wege, Lauf und Bahn, der wird auch Wege finden, da dein Fuß gehen kann" (Paul Gerhardt).

Ähnlich ist es mit Gottes Majestät, die sich an den Schöpfungswerken abbildet. In jedem Teil der Schöpfung spiegelt sich das kommunikative Wesen des Dreieinigen Gottes. Er stellt unablässig und schöpferisch in der unbelebten und belebten Natur Bezüge und Beziehungen her, die wir Menschen nur andeutungsweise erforschen und verstehen können. Die Wunderwelt der Pflanzenbestäubung durch Insekten, durch den Wind oder durch Selbstbestäubung ist ein Beispiel dafür. Gott trägt Fürsorge für seine Schöpfung. Das gilt es zu verstehen. In den bewegenden Kapiteln 38 und 39 des Hiobbuchs gibt Gott dem Leidensmann Hiob eine Art Privatlektion über die göttliche Fürsorge für die Schöpfung. „Wo warst du, als ich die Erde gründete?" (38,4); „Wer hat das Meer mit Toren verschlossen?" (38,8); „Welches ist der Weg dahin, wo das Licht wohnt?" (38,19); „Wer hat dem Platzregen seine Bahn gebrochen?" (38,25); „Kannst du die Bande des Siebengestirns zusammenbinden?" (38,31); „Kannst du der Löwin ihren Raub zu jagen geben?" (38,39); „Wer bereitet dem Raben die Speise?" (38,41); „Weißt du die Zeit, wann die Gämsen gebären?" (39,1); „Wer hat dem Wildesel die Freiheit gegeben?" (39,5); „Kannst du dem Ross Kräfte geben?" (39,19); „Fliegt der Falke empor dank deiner Einsicht?" (39,26).

Diese Privatunterweisung, die sich eng an den Schöpfungsbericht anschließt, ist nichts anderes als eine Anleitung für Hiob, die Majestät und Fürsorge Gottes in der Schöpfung wahrzunehmen und daraus Trost und Zuversicht zu gewinnen. Wenn Gott für das Weltall genauso sorgt wie für die kleinsten Lebewesen, dann wird er auch den Menschen zur rechten Zeit beistehen.

Der richtige Blick auf die Schöpfungswerke sucht den Schöpfer hinter der Schöpfung. Für ihn sind sie Abbildungen und Ausprägungen der Kraft und Majestät, der Größe und Fürsorge Gottes. Er weiß, dass diese göttlichen Wesenszüge vor allem den Menschen gelten, und er wird nicht müde, Gott dafür zu danken und ihm die Ehre zu geben (Röm. 1,21). (*Exkurs Ende*)

1 Mose 1,24-2,4a

Der sechste Schöpfungstag (V. 24-30): Er steht in Analogie zum dritten Tag. Am dritten Tag werden die Lebensvoraussetzungen für die Landtiere und den Menschen erschaffen, am sechsten Tag die Landtiere und der Mensch. Landtiere und Mensch werden aus Erde erschaffen, der Mensch empfängt jedoch im Unterschied zum Landtier göttlichen Geist. Drei Klassen von Landtieren werden genannt: die vierfüßigen Haustiere, die Kriechtiere und die wilden Landtiere. Beim Erschaffen der Landtiere wird das hebr. Wort *asah* verwendet, was einfach „tun/machen" meint und hier soviel wie „gestalten" bedeutet. Die Landtiere sind also wie die Pflanzen eine „Gestalt" der Erde. Der andere Begriff für Erschaffen heißt *barah*. Er wird dort verwendet, wo Gott aus dem Nichts heraus erschafft, und zwar bei Himmel und Erde, bei Fischen und Vögeln und beim Menschen. Beim Menschen wird der Begriff offensichtlich deswegen verwendet, weil seine Gottesebenbildlichkeit „aus dem Nichts heraus" erschaffen wird.

V. 26 enthält Gottes Willenserklärung, V. 27-30 beschreiben die Ausführung. Der Plural „Lasset uns Menschen machen …" ist im Verlauf der Kirchengeschichte unterschiedlich gedeutet worden. Im Blick auf die schon am ersten Schöpfungstag wirksam werdende Dreieinigkeit Gottes kann auch hier ein Hinweis auf die Dreieinigkeit angenommen werden. Der Mensch ist berufen, den Dreieinigen Gott in dieser Welt abzubilden. Das kann er nur, wenn er das Wesen dieses Gottes versteht, das in tätiger Liebe besteht. So wie der Vater in unendlicher Liebe für seinen Sohn lebt, so der Sohn für seinen Vater. So wie der Sohn seine Liebe zum Geist darin ausdrückt, dass er dem Geist die absolute Vollmacht ausstellt, sein Werk weiterzuführen, so äußert der Geist seine Liebe zum Sohn darin, dass er vollständig hinter den Sohn zurücktritt und nur ihn verherrlichen will. Genauso ist der Mensch berufen, in Liebe für Gott und seinen Nächsten zu leben. Wo das Ebenbild erschaffen wird, stellt sich das Urbild vor. Das ist der tiefste Sinn des Plurals von V. 26.

Die Gottesebenbildlichkeit wird mit zwei Begriffen ausgedrückt, die man mit „Abbild“ und „Gleichheit“ wiedergeben kann. Der Mensch soll Gottes Wesen abbilden, und er soll ihm gleichen. Damit wird der Mensch in einmaliger Weise geadelt. Als entscheidendes Kennzeichen der Ebenbildlichkeit wird das Herrschen bzw. das Gebieten genannt. So wie Gott in seiner Herrlichkeit über alles herrscht, so soll der Mensch über die gesamte kreatürliche Welt herrschen. In Ps 8 wird diese königliche Bestimmung des Menschen unnachahmlich beschrieben. Er ist zum „Herrschen“ berufen, aber im göttlichen Sinn des Wortes: er soll die Herrlichkeit Gottes in die Welt tragen. Aber der Mensch hat aus dem „Herrschen“ ein „Beherrschen“ gemacht und hat damit seine göttliche Würde selber besudelt. Wo er jedoch durch den Glauben an Christus erlöst und erneuert wird, dort wird er wieder ein wahrhaftiger „Herrscher“, der Gottes Herrlichkeit abbildet und der Welt schenkt.

V. 27 schildert die Erschaffung von Mann und Frau. Wörtlich heißt es: „… und er schuf sie männlich und weiblich“. Die polare Erschaffung des Menschen als Mann und Frau offenbart ein tiefes göttliches Geheimnis. Gott will seine beiden Hauptcharakterzüge in der Zweigeschlechtlichkeit des Menschen verkörpern. Indem Gott den Mann zum Hauptsein und die Frau zum Hilfesein beruft (1 Kor 11,3; 1 Mose 2,18), überträgt er ihnen sein eigenes Hauptsein und sein eigenes Hilfesein. Beide Geschlechter finden im Wesen Gottes den Inbegriff und das ewige Vorbild ihrer geschlechtsspezifischen Bestimmung. So wie Gott „Haupt“ ist und in unendlicher göttlicher Fürsorge für seinen Sohn und für seine Schöpfung sorgt, so ist der Mann berufen, Verantwortung, Schutz und Fürsorge für seine Frau und seine Familie zu übernehmen. Und so wie Gott Hilfe ist und sich seiner Kreatur erbarmt und besonders der Not leidenden Menschen, die nach ihm schreien, so ist die Frau berufen, ihrem Mann und ihrer Familie beizustehen und zu helfen. Auch hier gilt das gleiche wie beim Herrschen.

Der Sündenfall hat Männer und Frauen korrumpiert und ihr Hauptsein und ihr Hilfesein deformiert. Der unerlöste Mann neigt zu „Pascha-Allüren“ und zum Egoismus, die unerlöste Frau weiß nicht, dass sie den Schlüssel zur Seele ihres Mannes hat und ist unfähig, ihn zu gebrauchen. Der durch Christus erlöste Mann und die durch Christus erlöste Frau sind jedoch neu berufen und in der Liebe Gottes fähig, ihr Hauptsein und Hilfesein an den göttlichen Charakterzügen auszurichten.

V. 28: Unmittelbar nach der Erschaffung von Mann und Frau spricht Gott beiden Geschlechtern den Fruchtbarkeitssegen und die Vollmacht zum Herrschen über die Kreatur zu. Die Fruchtbarkeit des Menschen macht ihn zum Mitarbeiter Gottes an Gottes Erlösungsplan, er wird gewürdigt, Menschen zu zeugen, für die Christus gestorben und auferstanden ist. Ein unerhörter Adel! Was der Mensch nach dem Sündenfall aus dem Fruchtbarkeitssegen und der Vollmacht zum Herrschen gemacht hat, kann man nicht Gott anlasten. Die sexuellen Verirrungen und die Ausbeutung der Erde und der Kreatur gehen nicht auf Gottes Konto.

V. 29f: Vor dem Sündenfall war der Mensch auf rein pflanzliche Ernährung hin konzipiert. V. 30: Die Tierwelt kannte noch keine Raubtiere. Diese entstanden erst durch ein besonderes Handeln Gottes nach dem Sündenfall. Nach dem Fall bekommt der Mensch dann auch die tierische Nahrung geboten (1 Mose 9,3). Auf der neuen Erde nach Christi Wiederkunft wird der Mensch vermutlich wieder von Pflanzen leben, und es wird keine Raubtiere mehr geben.

V. 31: Am Ende des sechsten Schöpfungstages sieht Gott die gesamte Schöpfung an und verleiht ihr das Qualitätssiegel „sehr gut“. Das bedeutet im Hebräischen „vollkommen schön“ und „vollkommen zweckmäßig“. Insbesondere trifft dies auf den Mann und die Frau zu. Beide sind absolut perfekt erschaffen und für ihre geschlechtsspezifischen Aufgaben optimai ausgestattet. Der Mann ist aufgrund seiner gedanklichen Wirklichkeitsaneignung speziell zur Sachlichkeit und zur schöpferischen Entwicklung von Ideen befähigt. Die Frau hat demgegenüber eine intuitive Wirklichkeitsaneignung und hat, weil sie körperlich und seelisch zur Schwangerschaft berufen ist, als spezifische Stärke soziale Kompetenz und gestalterische Kraft. Beides ergänzt sich auf ideale Weise, wenn beiden das Schöpfungskonzept Gottes klar ist und wenn sie bereit sind, ihrer Bestimmung nach zu leben.

Kapitel 2,1 kann als Abschlusswort zur Sechs-Tage-Schöpfung gelten: „Es wurden vollendet Himmel und Erde mitsamt ihrem ganzen Heer“.

Siebenter Schöpfungstag (Kapitel 2,2 und 3): V. 2 ist die Überschrift über den siebenten Tag. „Auf diese Weise vollendete Gott am siebenten Tag seine Arbeit und ruhte von seiner Arbeit“. V. 3: Gott vollendet seine Arbeit, indem er den siebenten Tag segnet und heiligt. Die Vollendung der Schöpfung besteht also nicht in der Erschaffung des ersten Menschenpaares, sondern im Segnen und Heiligen. Das „Ruhen“ Gottes ist ein freudiges Feiern. Gott freut sich über die Schöpfung. „Der Herr freue sich seiner Werke“ heißt es in Ps 104,31. Am siebenten Schöpfungstag kann man erkennen, dass Arbeit und Feiern zusammengehören. Der gesamte Schöpfungsbericht adelt die Arbeit, denn Gott war der erste Arbeiter, und er adelt das Feiern, denn am siebenten Tag feierte Gott, und so soll sich auch der Mensch an diesem Tag über seine eigene Arbeit und über Gott und dessen Arbeit freuen.

V. 2,4a schließt den Schöpfungsbericht ab. In 2,4b beginnt die Paradieserzählung.

3. Mann und Frau im Paradies

1 Mose 2,4b-17

Auch die sog. Paradiesgeschichte, die man von 2,4b bis 17 oder bis 25 ansetzen kann, beschreibt Kennzeichen der einmaligen Würde des Menschen. Seine Geistbegabung, seine Verantwortung für die Pflege des Gartens Eden und seine Kindesstellung, die ihn zum Gehorsam verpflichtet, sind Würdeprädikate.

Es ist offensichtlich, dass Adam im 1. Buch Mose als eine historische Gestalt vorausgesetzt wird und dass Adam und Eva nach dem Schöpfungsbericht das erste Menschenpaar sind. Übergänge vom Tier zum Menschen, wie sie die Evolutionslehre annimmt, kennt das biblische Wort nicht. Die Anfangsgeschichte von Himmel und Erde (2,4b-4,26) ist aus fünf Einzelabschnitten zusammengesetzt. 2,4b-17: Paradiesgeschichte; 2,18-25: Mann und Frau bzw. die Stiftung der Ehe; 3,1-24: Sündenfallbericht; 4,1-24: Kain und die Fluchlinie; 4,25 und 26: Seth und der Beginn der Segenslinie. Während der Schöpfungsbericht Gottes Allmacht herausstellt (Gebrauch des Gottesnamens *Elohim*), betont die Geschichte von Himmel und Erde die Beziehung Gottes zu den Menschen (Gebrauch des Gottesnamens *Jahwe*).

Die Paradiesgeschichte beginnt mit der Schilderung der Erschaffung Adams und der Gestaltung Evas aus Adam. V. 4b und 5 nehmen Bezug auf den ersten Schöpfungstag, als Gott Himmel und Erde erschuf. Die Pflanzen, die menschliche Nahrung, waren noch nicht da, denn die Erde war noch trocken. V. 6 nimmt Bezug auf den 3. Schöpfungstag, als Gott die Pflanzenwelt aus dem Erdboden erschuf, und gibt die Zusatzinformation, dass Gott dazu die ganze Erde durch einen Nebel feucht machte. V. 7 nimmt schließlich Bezug auf den 6. Schöpfungstag und gibt nähere Informationen über die Erschaffung Adams.

Der materielle Körper Adams wurde – genauso wie die Pflanzen und die Landtiere – aus Ackerboden geformt. Diese Tatsache wird durch die ähnliche chemische Zusammensetzung des menschlichen Körpers und des Erdbodens bestätigt. Doch der entscheidende Akt für die Menschwerdung Adams war die Begabung mit dem lebensstiftenden göttlichen Geist (hebr. *ruach*), der ihm die Sprache verlieh und ihn in eine kommunikative Gemeinschaft mit Gott versetzte. Der Geist Gottes ist seitdem das entscheidende Kennzeichen des Menschen, denn er gewährleistet sein natürliches und geistliches Leben. Nach dem Sündenfall stirbt das geistliche Leben, die Kommunikation mit Gott, aber es bleibt dem Menschen eine tiefe Sehnsucht nach Gemeinschaft mit Gott (Pred 3,11), und es bleibt ihm ferner sein begrenztes natürliches Leben. Seit Pfingsten ist es ihm wieder möglich, geistliches, „ewiges" Leben zu empfangen.

In V. 8-17 werden das Paradies und die Aufgaben des Menschen im Paradies beschrieben. Unmittelbar nach seiner Erschaffung wird Adam in einen besonderen von Gott vorbereiteten Garten gesetzt. „Eden" übersetzt M. Buber mit „Üppigland", Delitzsch mit „Wonneland". Damit wird die besondere Fürsorge Gottes für den Menschen auf der Erde ausgedrückt. Dem Menschen sollte es an nichts mangeln. Er sollte die Liebe und Fürsorge Gottes mit vollen Zügen genießen. Das besondere Kennzeichen des Paradieses waren Bäume „lieblich zum Ansehen und angenehm zum Genuss". Das erinnert an die „Bäume des Lebens" im Neuen Jerusalem, die jeden Monat Früchte bringen und deren Blätter Heilkraft haben (Offb 22,2). In der Mitte des Gartens standen „der Baum des Lebens" und „der Baum der Erkenntnis des Guten und Bösen". Zum Baum des Lebens sollten die Menschen Zugang haben, zum Baum der Erkenntnis des Guten und Bösen nicht. Der Lebensbaum wird in 3,22 wieder erwähnt, der Erkenntnisbaum schon in 2,17. Im Garten entsprang ein Strom, der sich außerhalb des Gartens in vier Hauptarme teilte. Auch diese Angaben erinnern an das Neue Jerusalem, wo ebenfalls ein Strom entspringt, der Leben und Heilung bringt (Offb 22,1). Das Land Hewila, um das der erste Strom Pischon fließt, ist nach 1 Mose 25,18 auf der arabischen Halbinsel zu lokalisieren. Das Gold und die Edelsteine dort lassen an die Baumaterialien des Neuen Jerusalem denken. Nimmt man Euphrat und Tigris hinzu und berücksichtigt man mögliche geologische Veränderungen durch die Sintflut, kann man den Paradiesgarten durchaus im Bereich des Nahen Ostens ansetzen, vielleicht sogar auf dem Territorium des Heiligen Landes.

Nach der Beschreibung des Paradieses folgen in V. 15-17 die Aufgaben des Menschen im Paradies. Er soll den Garten bebauen und bewahren. Eingeschlossen ist darin die Herrschaft über die Tierwelt, wie aus V. 18-20 deutlich wird. Gott hält also sein Wort, dass der Mensch ein königlicher Herrscher über die Kreatur sein soll.

Nun folgt das erste Gottesgebot, das Adam hört. Genauer gesagt ist es ein Doppelgebot. Er soll und darf von allen Baumfrüchten im Garten essen (vgl. 1,29), einschließlich des Lebensbaums, aber nicht vom Erkenntnisbaum. Die „Erkenntnis" des Guten und Bösen, d. h. das innere Verstehen was wirklich gut und böse ist, das ist allein Sache Gottes. Einzig Gott als der Schöpfer alles Lebens kann darüber befinden, was gut und böse ist. Er allein darf die Maßstäbe setzen. Der Mensch ist dazu nicht in der Lage, er kann nur nachsprechen, was Gott für gut und böse erklärt. Wo der Mensch beginnt, selber zu bestimmen, was gut und böse ist, macht er sich selber zu Gott und verursacht sich selbst und anderen Not, Ungeborgenheit und Chaos. Genau diesen Wunsch, wie Gott zu sein und selber bestimmen zu können, was gut und böse ist, hat dann beim Sündenfall Satan bei Eva erweckt. Die Ankündigung „An dem Tag, da du von ihm isst, musst du des Todes sterben" hat sich wortwörtlich erfüllt. Nach dem Sündenfall wurden Adam und Eva noch am selben Tag aus dem Paradies getrieben. Damit verfielen sie augenblicklich dem geistlichen und leiblichen Tod. Zunächst kam der geistliche Tod über sie, denn sie verloren die direkte Kommunikation mit Gott, und dann der leibliche, denn sie hatten nun keine Möglichkeit mehr, vom Baum des Lebens zu essen.

1 Mose 2,18-24

Nachdem Gott den Menschen bzw. Adam (das hebr. Wort *adam* kann man mit „Mensch" und „Adam" wiedergeben) in den Garten Eden versetzt und ihm die Speisegebote gegeben hat, heißt es nun zum ersten Mal in der Bibel, und zwar im Blick auf Adams Alleinsein, „es ist nicht gut".

Gott selber ist ein Gemeinschaftsgott, er lebt als Vater, Sohn und Heiliger Geist in einer absolut innigen Beziehung. Der Mensch, der zu Gottes Ebenbild berufen ist, kann also seine Sinnerfüllung nur als Beziehungswesen finden. Deswegen konnte Adam nicht allein bleiben. Erst in der Gemeinschaft, in einer Beziehung des Gebens und Nehmens, der Ergänzung und gegenseitigen Liebe und Hilfe findet der Mensch zu seiner Bestimmung. Dies gilt sowohl vertikal im Blick auf sein Verhältnis zu Gott als auch horizontal im Blick auf sein Verhältnis zu den Menschen. Im Grunde ist seine Gemeinschaftsfähigkeit der stärkste Ausdruck seiner Gottesebenbildlichkeit.

Es ist bedeutsam, dass nicht Adam, sondern Gott selber das Alleinsein Adams „nicht gut" nennt. Der Mensch kann nämlich seine Sinnbestimmung und seine Bedürfnisse gar nicht selber finden, nur Gott kann ihm das sagen. Und wohl dem Menschen, der es sich von Gott sagen lässt.

Der Plan Gottes, Adam die Frau als Hilfe zu geben, die „um ihn sei", definiert das Wesen der Ehe. Ehe ist das von Gott gewollte lebenslange Zusammenleben von Mann und Frau, und sie verwirklicht sich im Hilfesein der Frau für ihren Mann und in der Bereitschaft des Mannes, die Hilfe seiner Frau anzunehmen und für sie und die Kinder Verantwortung zu übernehmen. Der hebräische Begriff für Gehilfin bzw. Hilfe heißt *ezer*, womit in der Bibel meist Gottes Hilfe selber gemeint ist. So heißt es in Ps 121,2 „Meine Hilfe kommt vom Herrn". Wenn die Frau hier also zur „Hilfe" des Mannes gemacht wird, dann ist das ein Adelstitel für sie. Sie darf, sozusagen stellvertretend für Gott, ihrem Mann Hilfe im umfassenden Sinn des Wortes sein: Hilfe zum Mannwerden, Hilfe zum Leben, Hilfe in der Charakterbildung, Hilfe durch Ergänzung, Ermutigung und Ermahnung, Hilfe zur Freude. Helfen ist keine degradierende Tätigkeit, weder für die Frau, die sie gibt, noch für den Mann, der sie empfängt, sondern ein Grundwesenszug Gottes. Dass die Frau „um ihn" sein soll, zeigt, wie umfassend der Hilfsbegriff gemeint ist. Kein Tier ist in der Lage, in diesem grundsätzlichen Sinn dem Menschen zu helfen. Das wird in V. 19 und 20 festgestellt, ebenso indirekt in V. 23, wo Adam seine Frau Eva als ein ihm ähnliches Wesen erkennt und benennt.

Exkurs: Unsere Ehenot und ihre Überwindung

Es gehört zur Tragik des gefallenen Menschseins, dass Gottes im Grunde einfaches Ehekonzept an der Wirklichkeit des menschlichen Selbstbezugs immer wieder scheitert. Die Frau erkennt nicht, dass sie berufen ist, ihrem Mann zu helfen, ein verantwortungsfähiger Ehemann zu werden. Und wenn sie es erkennt, weiß sie oft nicht, wie sie ihre Hilfe vermitteln soll und steht in der Gefahr, ihren Mann zu bevormunden, worauf sich der Mann wiederum von ihr zurückzieht. Der Mann erkennt nicht, dass er in Gestalt seiner Frau den besten Ratgeber zur Seite hat, den er sich nur wünschen kann. Sein männlicher Stolz hindert ihn sehr oft daran, zu seiner Frau zu gehen und sie um Rat und Hilfe zu bitten, worauf wiederum die Frau beginnt, sich von ihm zurückzuziehen. So kommt es immer wieder neu zu einer Entfremdung der Geschlechter. Das postmoderne Menschenbild der Selbstbestimmung und die emanzipatorischen Ideologien versuchen aus der Not eine Tugend zu machen. Im Ergebnis verfestigen sie jedoch die Ehenot.

Man kann sagen, dass die Ehe die größte Missionsanstalt Gottes überhaupt ist. Nirgendwo sonst kommt der Mensch so schnell und so elementar an die Grenze seiner Möglichkeiten. Er will die Ehe, zweifellos, sonst würde er ja gar nicht heiraten. Aber er spürt im ehelichen Zusammenleben schnell, dass sich Missverständnisse, Blockaden, Enttäuschungen und Entfremdungen bis hin zu Abneigungs- und Hassgefühlen entwickeln, die er gar nicht will und deren Entstehung ihm ein Rätsel bleiben. Der Ehesegen, den er sich gewünscht hat, droht zum Ehefluch zu werden.

Angesichts der vielfältigen Ehenot gerade auch in den individualisierten westlichen Gesellschaften stehen Kirche und Gemeinde in einer großen Verantwortung. Sie sind die „Verwalter der Geheimnisse Gottes" (1 Kor 4,1). Das biblische Ehekonzept ist nicht überholt. Im Gegenteil, es entfaltet überall dort, wo es neu entdeckt und praktiziert wird, eine erstaunliche Dynamik und Heilwirkung. Christen haben unendliche Gelegenheiten, dieses wunderbare Konzept in Verkündigung und Seelsorge, durch Seminare und Schulungen, im öffentlichen und im privaten Raum darzustellen und Menschen zu ermutigen, es auszuprobieren. Natürlich dürfen sie die Botschaft Gottes nicht durch das eigene Leben gefährden. Geheilte und erneuerte Ehen haben nach wie vor die stärkste Überzeugungskraft. (*Exkurs Ende*)

Auch die Art und Weise, wie Gott Eva „gestaltet" (so wörtlich), ist hochbedeutsam. Er bildet sie nicht aus Ackerboden, sondern aus Adam selbst. Gott nimmt Adam etwas von seinem Körper und damit von seinem Wesen weg und gestaltet daraus die Frau. Man könnte sagen, Gott macht den Mann hilfsbedürftig und gibt ihm gleichzeitig in Gestalt der Frau die nötige Hilfe zurück. Mit diesem Vorgang wird dem Mann eine so tiefe Sehnsucht nach Ergänzung einprogrammiert, dass sie selbst durch den Sündenfall und den dadurch ausgelösten Egoismus nicht wieder ausgelöscht wird. Das ist der Grund, weshalb es bis heute die Ehe gibt. Das Wesen der Ehe könnte man beschreiben als ein von Gott gestiftetes Einübungsfeld für die Beziehungsfähigkeit des Menschen. Selbst unter den Bedingungen des Sündenfalls vermag sie noch ein Stück Geborgenheit, Treue und Heimat zu vermitteln. Damit wird sie zu einem Vorgeschmack auf die ewige Herrlichkeit Gottes, wo der durch Christus erlöste Mensch die absolute Geborgenheit und Treue Gottes erfahren wird und seine ewige Heimat hat.

Die Art und Weise, wie Gott die Frau aus dem Mann heraus gestaltet, kann nur als hochgenial bezeichnet werden. Man muss sich einmal kurz die schier unlösbare Aufgabe vorstellen, vor der Gott stand. Er wollte der Menschheit die Ehe als Gruß aus der ewigen Herrlichkeit und als Grunderfahrung von Treue, Geborgenheit und Heimat unter den Bedingungen des Sündenfalls mit auf den Weg geben. Aber das hochkomplizierte Problem, wie zwei Sünder sich lebenslang die Treue halten und sich damit Geborgenheit und Heimat vermitteln können, konnte dabei nur so gelöst werden, wie Gott es tat. Er musste die beiden so tief aneinander binden, dass selbst ihr Egoismus sie nicht davon abhalten kann, eine lebenslange Treueverbindung einzugehen. Und genau dies erreichte Gott mit der Gestaltung der Frau aus dem Mann.

In V. 24 wird der Entschluss des Mannes, eine Ehe einzugehen, mit der Tatsache begründet, dass die Frau aus dem Mann genommen ist. Weil dadurch in ihm eine so tiefe Sehnsucht nach Ergänzung angelegt ist, verlässt er sein Elternhaus und findet nun in seiner Frau nächst Gott den stärksten Bezugspunkt seines Lebens.

Wir haben in diesem kurzen Vers einen wichtigen Mosaikstein der biblischen Ehelehre vor uns. Wer ihn gesprochen hat, wird nicht ausdrücklich gesagt. Da der vorhergehende Vers 23 von Adam gesprochen ist, kann man auch V. 24 als einen Ausspruch Adams ansehen. Oder man versteht ihn als Kommentar des Mose. In jedem Fall beschreibt der Vers in höchster Weisheit die Grundlagen der Ehe.

Der Vers nennt zwei Grundbedingungen für eine gelingende Ehe und klingt mit der Verheißung des ganzheitlichen Einsseins aus. Die erste Bedingung wird mit dem Begriff „Verlassen“ ausgedrückt. Wer in die Stiftung der Ehe eintritt, tritt in neue Prioritäten ein. Nun sind nicht mehr die Eltern seine wichtigsten Bezugspersonen, sondern der Ehepartner.

In der Ehe wird der Mann von Gott unlösbar an seine Frau „angeklebt“ (so wörtlich). Der Ausdruck ist mit Bedacht gewählt. Das Ehekonzept Gottes kennt keine Scheidung. Wer sie dennoch durchführt, riskiert unheilbare Wunden. Die moderne Scheidungsmentalität, die leider auch in die christliche Gemeinde verstärkt eingezogen ist, kann zurückgedrängt werden durch eine neue Besinnung auf den Stiftungscharakter der Ehe. Sie ist eben kein zweiseitiger Vertrag, der gemeinsam eingegangen und dann auch wieder gelöst werden kann, sondern sie ist eine Stiftung, eine einseitig von Gott verfügte Gemeinschaftsform von Mann und Frau, in welcher die unverrückbaren Bedingungen des Stifters gelten. Das gilt es in Verkündigung und Seelsorge neu zur Geltung zu bringen.

In der Ehe finden beide, Mann und Frau, bei aller Verschiedenheit zu einer festen Einheit zusammen, die Gott erhält, stabilisiert und segnet. Die alte Lutherübersetzung „... und sie werden sein ein Fleisch" lenkt den Blick einseitig auf die leibliche Vereinigung in der Ehe. Mit dem hebräischen Begriff *basar* ist jedoch das Geheimnis einer leiblichseelisch-geistigen Einheit gemeint, in das die Eheleute hineinwachsen, wenn sie die genannten Grundbedingungen ernst nehmen. Man hat diese Einheit „Eheperson" genannt. Dabei geht es nicht um die Auflösung der Individualität oder um ein Verschmelzen zweier Personen, sondern um die wertvolle Erfahrung, dass zwei Menschen mit unterschiedlichem Geschlecht, unterschiedlicher Herkunft, unterschiedlichen Wesensschwerpunkten und Meinungen eine höhere beglückende Einheit bilden. Einer weiß vom anderen, wie unendlich wichtig er für ihn und dieser für ihn selbst ist.

Interessant ist auch die Beobachtung, dass der Text nicht von *einer* Frau redet, welcher der Mann „anhangen" wird, sondern – ganz persönlich – von *seiner* Frau. Wir haben hier also ein ganz individuelles Ehekonzept vor uns. Gott arbeitet in der Ehe an den Ehepartnern schöpferisch umgestaltend, so dass sie schließlich sagen können, dass der jeweils andere – von Gott maßgeschneidert – genau der richtige ist.

Die volle leiblich-seelisch-geistige Einheit der beiden Ehepartner wird auch durch V. 25 unterstrichen. In der Ehe gibt es keine Scham voreinander.

4. Der Sündenfall

1 Mose 3,1-5

Unmittelbar nach dem Schöpfungsbericht und der Paradiesgeschichte folgt der Bericht vom Sündenfall Adams und Evas. Lange Zeiträume zwischen der Erschaffung des Menschen und seinem Abfall von Gott sind nicht anzunehmen. Der Sündenfallbericht ist in seiner rhetorischen Prägnanz und seiner geistlichen Tiefe ein Meisterstück der Weltliteratur. Er zeigt in einmaliger Weise die Verführungsstrategie Satans, wie sie immer wieder abläuft, wenn er Menschen von Gott abspenstig machen will und wie sie auch bei der Versuchung Jesu zum Vorschein kam.

Das erste Auftreten Satans gibt tiefe Einblicke in sein Wesen und sein Wollen. Er ist ein Geistwesen, das in die Kreaturen hineinfahren kann, und er ist in der Lage, die menschliche Sprache nachzuahmen. Er tritt nicht als derjenige auf, der er in Wirklichkeit ist, nämlich als Engelfürst, der Gott nachzuahmen und Gottes Pläne zu torpedieren versucht, sondern er verstellt sich. Wenn es im Text heißt, dass die Schlange listiger war als die anderen Feldtiere, die Gott gemacht hatte, dann ist damit Satans listiges Wesen gemeint, mit dem er die Menschen verführen will.

Schon am ersten Satz, den er spricht, merkt man die Absicht: Er will Misstrauen und Ungehorsam gegen Gott und Gottes Wort schüren. Man kann den Satz als Frage oder als Ausruf übersetzen. „Ja, sollte Gott gesagt haben: ihr sollt nicht essen von allen Bäumen im Garten?“ (M. Luther) oder „Ob schon Gott sprach: Esst nicht von allen Bäumen des Gartens …!“ (M. Buber). Die Frau durchschaut die Verführung nicht und lässt sich auf ein Gespräch ein. Es entsteht die Frage, warum sich Satan an die Frau und nicht an den Mann wendet. Der Text selber gibt keine Antwort. Unter Berufung auf Paulus in 1 Tim 2,14 könnte man vielleicht sagen, dass die Frau in versuchlichen Situationen des männlichen Schutzes bedarf. Da Adam bei seiner Frau war (V. 6), ist ihm jedenfalls anzulasten, dass er sie nicht genügend schützte.

Die Antwort der Frau lässt erkennen, dass das Misstrauen gegen Gott schon gesät war und aufkeimt. Anstatt klar zu sagen, dass es sich um den „Baum der Erkenntnis des Guten und Bösen“ handelt, umschreibt sie den verbotenen Baum, indem sie vom Baum „mitten im Garten“ spricht.

Alle Versprechen Satans sind furchtbare Lügen, denn er ist der „Vater der Lüge“ (Joh 8,44). Das Versprechen, dass die Menschen nicht sterben würden, war eine Lüge, denn in Wahrheit wurde das erste Menschenpaar noch am selben Tag vom Baum des Lebens getrennt (1 Mose 3,23f). Das Versprechen, dass die Menschen geöffnete Augen bekommen würden, war eine Lüge, denn in Wahrheit wurde ihr Sinn verblendet, so dass sie nicht mehr Gottes Herrlichkeit sehen und stattdessen das Sichtbare anbeten (2 Kor 4,4; Röm 1,22f). Das Versprechen, dass die Menschen wie Gott sein würden und selber den Maßstab von gut und böse setzen könnten, war ebenfalls eine Lüge, denn in Wahrheit verloren sie den Maßstab Gottes für gut und böse (Röm 3,10).

Wir können uns vor der Gewalt dieser Lügen nur schützen, indem wir uns genauso wie Jesus es getan hat auf die Wahrheit des Wortes Gottes berufen. Die Lüge Satans, dass die Menschen nicht sterben müssten, führt sie dazu, nicht an ihren Tod zu denken. Das Wort Gottes sagt uns demgegenüber: „Es ist dem Menschen gesetzt, einmal zu sterben, danach aber das Gericht“ (Hebr 9,27). Die Lüge Satans, dass der Mensch ohne Gott die Wahrheit erkennen kann, führt ihn in Okkultismus, Verblendung, Irrtum und Angst vor der sichtbaren Welt. Das Wort Gottes sagt uns demgegenüber: „Die Furcht des Herrn ist der Anfang der Erkenntnis“ (Spr 1,7). Die Lüge Satans, dass wir Menschen so sein können wie Gott und selber den Maßstab für gut und böse hätten, führt die Menschen in Selbstbestimmung und Selbstverwirklichung. Das Wort Gottes sagt uns demgegenüber: „Es ist dir gesagt, Mensch, was gut ist und was der Herr von dir verlangt: Gottes Wort halten, Liebe üben und demütig sein vor deinem Gott“ (Micha 6,8).

1 Mose 3,6-13

In diesem Abschnitt wird der Sündenfall mit seinen Folgen geschildert. Die Lüge der Schlange, dass der Mensch nach dem Genuss der Frucht so sein würde wie Gott, war zu verführerisch für Eva. Alles was Gott für sie und ihren Mann getan hatte, trat in den Hintergrund. Wie Gott zu sein und selber bestimmen zu können, was gut und böse ist, das war plötzlich die alles bestimmende Sehnsucht ihrer Seele geworden. Es zeigte sich damals beim ersten Menschenpaar und zeigt sich seitdem immer wieder, dass der Mensch in dem Moment anfällig wird für die Verführungen Satans, wo er die Dankbarkeit gegenüber Gott vergisst und verliert.

Die erste Tat der Frau, nachdem sie die Frucht genommen hatte, ist schon die erste Folge ihres Sündenfalls. Dass sie nämlich die Frucht ihrem Mann gab, ist nicht als fürsorglicher Akt zu verstehen, sondern als gebieterischer. Sie *nötigte* Adam davon zu essen (vgl. das Strafwort Gottes an Adam in 1 Mose 3,17, aus dem hervorgeht, dass Adam seiner Frau *gehorchte*). Anstatt ihrem Mann zu helfen, was ihre Aufgabe nach 1 Mose 2,18 gewesen wäre, schädigt sie ihn. Adams Sündenfall bestand seinerseits darin, dass er seiner Frau gehorchte, obwohl er das klare Verbot von Gott erhalten hatte, von dieser Frucht nicht zu essen (1 Mose 2,17). Diese Zusammenhänge werden deutlich, wenn man V. 17 betrachtet. Gott bestraft Adam deswegen, weil er der Stimme seiner Frau gehorcht hat. So wie die gottesfürchtige Frau ihrem Mann viel Segen bringt, so bringt die von Gott losgelöste Frau ihrem Mann Unsegen. Biblische Beispiele sind Sara und Isebel.

Der Sündenfall zieht eine doppelte tiefe Tragik für das erste Menschenpaar nach sich. Ihr Verhältnis zueinander und zu Gott wird vergiftet.

Das Verhältnis zueinander: Plötzlich merken die beiden, dass sie nackt sind. In 1 Mose 2,25 hieß es noch, dass sie sich nicht schämten. Jetzt bedecken sie sich voreinander. Jetzt bestimmen plötzlich Misstrauen, Missgunst und Angst ihr Verhältnis zueinander. Das menschliche Schamgefühl ist eine Folge des Sündenfalls und drückt die unbewusste Sehnsucht nach Bedeckung der Schuld aus. Die Blätterschurze, die Adam und Eva sich gemacht hatten, zeigen, dass sie diese Botschaft ihres Schamgefühls nicht erkannten.

Satan hatte ihre Augen geöffnet, aber nicht so wie sie es dachten, dass sie nun ohne Gott noch mehr sehen und noch mehr Erkenntnisse gewinnen würden, sondern so, dass ihr Blick begehrlich und ängstlich wird und sie meinen, sich vor dem Egoismus des anderen schützen zu müssen. Die Schurze, die sie sich umlegen, bedeuten Abwehr des anderen und sind ein äußeres Zeichen ihrer inneren Entfremdung. Sie wollen miteinander nichts mehr zu tun haben. Die Macht des Bösen hatte einen Keil zwischen sie getrieben.

Das Verhältnis zu Gott: Die beiden verstecken sich vor Gott unter den Bäumen im Garten. Das zeigt, dass ihr Verhältnis zu Gott schlagartig kaputt gegangen war. Anstatt nach dem Fall sofort Gott zu suchen und um Vergebung zu bitten, versuchen beide vor Gott zu fliehen. Was Satan gesagt hatte, dass sie nun selber gut und böse bestimmen können, erfüllt sich, aber wiederum in ganz anderer Weise als sie es sich gedacht hatten. Ihr Verstand und ihr Gewissen erinnern sie zwar noch an die Gebote und

Verbote Gottes und damit an das, was er gut und böse genannt hatte. Aber sie sind nicht mehr willens, die Maßstäbe Gottes anzuerkennen. Sie richten sich nun nach ihren eigenen Maßstäben. Die Macht des Bösen zwingt sie zu einem Verhalten gegen ihr eigenes Gewissen.

Gottes erste Frage richtet sich nur an Adam, denn ihm hatte er die Gebote und Verbote gegeben. Die Frage „Wo bist du?" meint „Wo bist du hingeraten?" bzw. „Was ist aus dir geworden?" An Adams Antwort wird deutlich, dass er seine Nacktheit nicht nur als Blöße vor seiner Frau, sondern auch als Blöße vor Gott empfindet. Die weitere Frage Gottes an Adam, die ihn seiner Schuld überführt, beantwortet Adam mit einer doppelten Schuldabwälzung. Er wirft Gott vor, ihm die Frau zugesellt zu haben, und er wirft ihr vor, ihm von der Frucht gegeben zu haben. Die eigene Schuld gibt er nicht zu. Ähnlich wälzt auch seine Frau ihre Schuld auf die Schlange ab.

Beider Reaktionen zeigen, dass sie nun begonnen haben, nach ihrem eigenen neuen Wertesystem zu leben: Schuld haben die anderen, Vergebung habe ich nicht nötig.

5. Der Fluch Gottes und die Strafe Gottes

1 Mose 3,14-19

Dieser Abschnitt ist klar abgegrenzt. Er enthält die Fluch- und Strafworte Gottes nach dem Sündenfallgeschehen. Es muss beachtet werden, dass nur die Schlange und der Ackerboden verflucht werden, nicht aber Eva und Adam. Sie werden stattdessen geschlechtsspezifisch gestraft.

5.1 Der Fluch über die Schlange

Unter der Schlange muss man sich ursprünglich ein drachenartiges Tier vorstellen. In dieses Tier war Satan listigerweise hineingefahren, um sich vor den Menschen unkenntlich zu machen. Nun wird es deswegen verflucht. Es verliert die Beine und wird aus der übrigen Tierwelt verstoßen. Das kann man als symbolisches Geschehen deuten: Genauso wird Satan am Ende der Zeiten aus dem Himmel verstoßen werden (Offb 12,9).

V. 15 nennt man das „Erstevangelium" der Bibel, weil hier die ganze Heilsgeschichte aufleuchtet. Die letzte und eigentliche Bedeutung dieses göttlichen Spruchs muss im endgeschichtlichen Horizont gesucht werden. Gott setzt eine Feindschaft zwischen einem bestimmten Nachkommen Satans und einem bestimmten Nachkommen Evas.

Beim Nachkommen Satans kann es sich nur um den falschen Messias handeln, der am Ende der Zeiten auftreten wird, und beim Nachkommen der Frau um Jesus Christus, den wahren Messias, der als Mensch auf die Welt gekommen ist und als göttlicher Richter und König wiederkommen wird. Diese Feindschaft wird sich nach V. 15 in zwei großen weltgeschichtlichen Akten auswirken. Den ersten Akt vollzieht Satan, indem er Jesus Christus „in die Ferse stechen" wird, womit vielleicht das Gift der Sünde der Menschheit angedeutet wird, das Jesus in sich aufnahm und das zu seinem freiwilligen Opfertod auf Golgatha führte. Den zweiten Akt vollzieht am Ende dieses Äons der wiederkommende Christus, der als der „Nachkomme der Frau" dem Satan „den Kopf zertreten" wird. Die Johannesoffenbarung schildert, wie das geschieht. Satan wird bei Christi Wiederkunft zunächst für 1000 Jahre in den Abgrund (Offb 20,3) und danach endgültig in den Feuer- und Schwefelsee geworfen (Offb 20,10).

5.2 Das Strafwort an die Frau

Zur Strafe für ihren Ungehorsam und ihre Verführung Adams wird die Mutterschaft der Frau erschwert. Gleichzeitig wird sie wieder in ihr ursprüngliches Verhältnis zu ihrem Mann zurückgerufen.

Die Schwangerschaft soll mühsam werden und die Geburt schmerzhaft. Die unmittelbare Begegnung mit Satan hatte Eva und Adam total aus der Bahn geworfen, ihre Ehe war faktisch zerbrochen. Eva war aus ihrer Bestimmung zum Hilfesein herausgetreten und hatte ihren Mann zum Bösen verführt. Adam hatte ihr gehorcht anstatt Gott. Nun wird ihr Verhältnis zueinander wiederhergestellt. Die Frau, die ihr Verlangen auf die Frucht gerichtet hatte, wird neu auf ihren Mann hin ausgerichtet („Dein Verlangen wird nach deinem Mann sein“). Mit sexueller Begierde hat dieses Wort absolut nichts zutun. Es war nach 1 Mose 2,18 die ursprüngliche Sinnbestimmung der Frau, ihrem Mann eine ganzheitliche Hilfe zum Leben zu sein. Dass die Frau hier zur Strafe dem Mann zwangsunterstellt und gewissermaßen ihm ausgeliefert wird, also eine viel härtere Strafe als der Mann erhält, ist ein Missverständnis unserer Stelle und wäre mit der bleibenden Fürsorge Gottes für beide Geschlechter unvereinbar.

Auch die ursprüngliche Sinnbestimmung des Mannes wird bekräftigt („Er wird dein Herr sein“), nämlich sich fürsorglich und schützend um seine Frau zu kümmern, was er beim Sündenfall versäumt hatte. Der Begriff „Herr“ ist hier positiv gemeint im Sinn des fürsorglichen Beschützers (vgl. 1 Petr 3,6, wo Petrus auf Sara hinweist, die Abraham „mein Herr“ nennt).

5.3 Das Strafwort an den Mann

Der Mann wird – im Unterschied zur Frau – ausdrücklich auf seinen Ungehorsam behaftet. Weil er nicht Gott, sondern seiner Frau gehorcht hat, wird er bestraft. Wie die Frau zur Schwangerschaft berufen bzw. bestimmt ist, so ist der Mann zur körperlichen Arbeit und zur Fürsorge für seine Frau und seine Kinder bestimmt. Wie bei der Frau werden auch seine spezifischen Lebensumstände erschwert. Der Ackerboden wird verflucht, so dass er nicht mehr den ursprünglichen Ertrag liefert, sondern stattdessen mit Unkraut durchsetzt wird, ein Zustand, der erst mit der Neuschöpfung der Erde beseitigt wird (vgl. Röm 8,21). Die körperliche Arbeit des Mannes wird mühsam (V. 19a).

Der Zugang zum Lebensbaum, der ihm und seiner Frau im Paradies offen stand, wird beiden verschlossen (vgl. V. 22). Beide müssen sterben, wenn die leiblichen Funktionen aufhören. Erst Christus eröffnet der Menschheit wieder den Zugang zum ewigen Leben.

1 Mose 3,20-24

Trotz der Fluch- und Strafworte Gottes kommt es weder bei Adam noch bei Eva zu einer Reue bzw. Umkehr. Beide verharren in ihrer Auflehnung gegen Gott. Es erfüllt sich, was Satan angekündigt hatte, dass sie nun selber darüber bestimmen, was gut und böse ist. Diese unbußfertige Herzenshaltung kennzeichnet den Menschen bis heute. Wenn Gott ihn nicht ruft und anrührt, so bekehrt er sich nicht (vgl. Jer 31,18: „Bekehre du mich, so will ich mich bekehren").

Adam nennt seine Frau „Eva". Im hebräischen Wort steckt der Begriff „Leben". Von Gott hatte er hören müssen, dass sein irdisches Leben nun begrenzt ist. Eine Umkehr zu Gott kommt ihm nicht in den Sinn. So will er nun wenigstens in seinen Kindern weiterleben. Man kann diese Namensgebung durchaus als eine trotzige Antwort an Gott deuten: Du nimmst mir das Leben – ich hole es mir wieder in Gestalt meiner Kinder. V. 20b klingt wie ein Kommentar Moses: „… denn sie wurde die Mutter aller Lebenden".

Trotz der Unbußfertigkeit der beiden ersten Menschen handelt Gott an ihnen fürsorglich. Es lassen sich drei Fürsorgeakte Gottes erkennen. Alle drei betreffen das künftige Leben Adams und Evas, haben aber auch eine grundsätzliche Bedeutung.

1.) Gott legt Adam und Eva Kleidung an. Kleidung kennzeichnet den Menschen im Unterschied zum Tier. Gott selber ist mit Licht bekleidet (Ps 104,2), der wiederkommende Christus ist mit einem langen Gewand und einem goldenen Gürtel bekleidet (Offb 1,13). Offensichtlich drückt die Kleidung die Stellung und die Tätigkeit des Bekleideten aus, und sie kann darüber hinaus ein Schmuck sein. Dass Gott den Menschen kleidet, ist also grundsätzlich als ein Würdeakt zu verstehen.

Wenn hier der Mensch mit Tierfellen bekleidet wird, dann gibt Gott damit Adam und Eva und der gesamten Menschheit eine wichtige Botschaft. Sie lautet: So wie Tierblut fließen muss, damit der Leib bedeckt werden kann, so muss das Blut des Sohnes Gottes fließen, damit die Sünden der Menschen bedeckt werden können. Nur sündloses Leben kann in

Sünde gefallenes Leben retten. Die Tierfelle sind also nach dem Fluchwort über Satan die zweite Ankündigung des Messias. Der Bericht über Kain und Abel in Kapitel 4 zeigt, wie die Botschaft der Tierfelle bei den Nachkommen Adams und Evas aufgenommen wurde. Während Kain ein Opfer aus Feldfrüchten darbringt und damit zu verstehen gibt, dass er diese Botschaft nicht verstanden hat, zeigt Abel, dass er erkannt hat, dass er ein blutiges Opfer braucht.

2.) Gott verhindert, dass Adam und Eva vom Lebensbaum essen und ewig leben, indem er sie aus dem Garten Eden hinausweist. Auch dies ist eine fürsorgliche Handlung. Wenn die beiden als sündhafte, unbußfertige Menschen Zugang zum Lebensbaum behalten hätten, hätten sie sich als Sünder ein immerwährendes Leben verschafft und hätten das Todesurteil Gottes zunichte gemacht. Die große Mahnung des Todes („Der Tod ist der Sünde Sold“, Röm 6,23) würde nicht zum Tragen kommen. Der Mensch hätte keinen Anlass, zu Gott umzukehren, und er müsste in alle Ewigkeit ein gottloses Leben führen. Der Lebensbaum ist dem gefallenen Menschen durch Christus wieder zugänglich, denn Christus ist das Leben in Person (Joh 14,6), und auch die neue Menschheit nach Christi Wiederkunft wird Zugang zum Lebensbaum haben, denn im Neuen Jerusalem stehen Lebensbäume (Offb 22,2).

3.) Gott hatte Adam und seiner Frau den Auftrag gegeben, über die Erde zu herrschen und den Garten Eden zu bebauen und zu bewahren. Jetzt wird der Mensch erneut beauftragt, die Erde zu bebauen. Damit erneuert Gott die königliche Sonderstellung des Menschen im Kosmos und gibt ihm für sein irdisches Leben einen Lebenssinn.

6. Kain und Abel – Kains Nachkommen

1 Mose 4,1-8

Von Adam hören wir im Fortgang der Urgeschichte nichts anderes mehr, als dass er noch Kinder zeugte. Eine Reue oder Umkehr zu Gott wird nicht erwähnt. Von Eva wird erzählt, dass sie sowohl bei Kain als auch bei Seth besondere Erfahrungen mit Gott mit den jeweiligen Namen der Kinder verband. Den Namen „Kain" könnte man mit „an Gottes Stelle" wiedergeben. Das würde dann bedeuten, dass sie in Kain einen Ersatz für Gott selber sehen wollte. In Seth hat sie offensichtlich einen Ersatz für Abel gesehen. Es ist bedeutsam, dass von allen Kindern Adams und Evas gerade diese beiden so hervorgehoben werden. Die Begründung ist darin zu sehen, dass mit beiden eine heilsgeschichtlich bedeutsame Reihe beginnt. Kain begründet eine Fluchreihe, die schließlich mit der Sintflut untergeht. Seth begründet eine Segensreihe, die über Noah zur nachnoachitischen Menschheit führt.

Kain ist offensichtlich das erste Kind Adams und Evas. Als Landwirt ist er neben Adam der erste, der den Gottesfluch über den Ackerboden zu spüren bekam. Abel wird Schäfer, was ebenfalls sehr symbolträchtig ist. Gott selber hatte das erste Tieropfer vollzogen, als er Adam und Eva mit Fellen kleidete. Offensichtlich wusste Abel um die tiefere Bedeutung dieser ersten Opferhandlung. Der Mensch kann nur leben, wenn für ihn Leben geopfert wird, und er kann vor Gott nur bestehen, wenn er bedeckt ist, d. h. wenn seine Sünden durch eine göttliche Handlung bedeckt werden. Dieses Wissen gab ihm der Glaube.

Dass Kain und Abel Gott opferten, zeigt, dass beide von ihren Eltern die Tatsache der Existenz Gottes und die Notwendigkeit von Opfern übernommen hatten. Ihr Opfer war jedoch geistlich gesehen sehr unterschiedlich. Aus dem Hebräerbrief wissen wir, dass Abel im Glauben opferte, Kain jedoch nicht. „Durch den Glauben hat Abel Gott ein besseres Opfer dargebracht als Kain; deshalb wurde ihm bezeugt, dass er gerecht sei, da Gott selber es über seinen Gaben bezeugte; und durch den Glauben redet er noch, obwohl er gestorben ist" (Hebr 11,4). Dass Abel im Glauben opferte, bedeutet, dass er sich vor Gott als ein Sünder wusste, dessen Sünde nur durch ein stellvertretendes blutiges Opfer gesühnt werden kann. Die Feldfrüchte, die Kain opferte, sind ein Hinweis darauf, dass er nicht im Glauben opferte.

Die unterschiedliche Reaktion Gottes auf die beiden Opferhandlungen zeigt den Weg, den die Menschheit gehen muss, um Gottes Gnade zu erringen. Gott gibt den Demütigen Gnade, aber den Hochmütigen widersteht er. Auch Kain steht weiterhin, auch nach seinem Brudermord, unter dem Schutz Gottes. Aber Gnade, Sündenvergebung und ewiges Leben erlangt er nicht. Abel zeigt den Weg zum ewigen Leben, Kain zeigt das Schicksal eines Lebens ohne Gott.

Die Reaktion Kains auf die Ablehnung seines Opfers durch Gott offenbart die Finsternisse seines Herzens. Er gönnt Abel die Gnade Gottes nicht. Anstatt sich unter Gott zu demütigen und ebenfalls um Gnade zu flehen, verharrt er in Missgunst. Gott warnt ihn deutlich vor der Macht der Sünde. „Wenn du fromm bist, kannst du frei den Blick erheben. Bist du aber nicht fromm, so lauert die Sünde vor der Tür, und nach dir hat sie Verlangen; du aber herrsche über sie“ (1 Mose 4,7).

Das sind tief bedeutsame Gottesworte, die im Neuen Testament in Jak 1,14 und 15 aufgenommen werden. Wer seinen Begierden nachgibt, wird von der Sünde überwunden. Die Sünde wiederum bewirkt den Tod, d. h. die Trennung von Gott. Das Wichtigste hier ist jedoch die Aufforderung an Kain: „Du aber herrsche über die Sünde“. Mit Gottes Hilfe ist ein Beherrschen der Sünde möglich. Hier finden wir schon ein klares Evangelium und eine klare Verheißung. Widerstand gegen die Sünde ist möglich. Im Glauben an Christus wird diese Verheißung Wirklichkeit. Kain hört nicht auf Gott. Er findet nicht den Weg zur Umkehr. Stattdessen lässt er sich von seiner Begierde verführen und gibt der Sünde freie Hand. Er folgt seiner Mutter Eva, die ebenfalls nicht widerstanden hat. So wird er der erste Mörder der Weltgeschichte.

1 Mose 4,9-16

Die Kainsgeschichte ähnelt in mancher Beziehung der Sündenfallgeschichte. Beide Male fragt Gott den in Sünde gefallenen Menschen, ohne dass dieser an Umkehr denkt, beide Male spricht Gott einen Fluch aus, beide Male akzeptiert der Mensch die Antwort Gottes nicht und beide Male gibt Gott dem gefallenen Menschen dennoch Zeichen seiner bleibenden Liebe und Fürsorge.

6.1 Die Frage Gottes und Kains Antwort

Dass Gott mit dem in Sünde gefallenen Menschen überhaupt noch spricht, ist für sich genommen schon ein Wunder. Die seelsorgerliche Frageform zeigt, dass Gott dem Menschen eine Brücke zur Umkehr baut. Wie Adam und Eva verpasst auch Kain die Gelegenheit zur Buße, nimmt statt dessen Zuflucht zu einer Lüge und stellt Gott eine freche Gegenfrage. So ist der Mensch bis heute geblieben. Er verweigert sich vor Gott der Buße, wenn er auf seine Sünde angesprochen wird, lügt Gott an („Ich war es nicht“) und stellt Gott freche Gegenfragen („Warum hast du denn das zugelassen?“).

6.2 Der Fluch Gottes

Wer so wie Kain Gott gegenübertritt, hat keine Gnade zu erwarten. So wird es auch im Gericht Gottes sein. Die Taten des Menschen werden benannt, und dann wird der Fluch verhängt. Die Taten des Menschen schreien zu Gott, und bei Gott werden sie aufbewahrt. Kain wird von seinem Acker vertrieben, ähnlich wie Adam und Eva aus dem Garten Eden vertrieben wurden. Wenn er künftig den Acker bebaut, wird der Acker ihm nicht den Ertrag zurückgeben, den er aufgrund seiner Arbeit erwarten konnte. Und er soll sein ganzes künftiges Leben unruhig und heimatlos sein. Kein anderer hat diese innere Unruhe der Menschheit so tief durchlitten wie Hiob. „Der Mensch, vom Weibe geboren, lebt kurze Zeit und ist voll Unruhe“ (Hiob 14,1).

Man könnte sagen, dass genauso das Leben der Gottlosen aussieht: sie sind vertrieben von Gottes Angesicht, auf ihrer Arbeit liegt kein dauerhafter Segen, und im Herzen sind sie unruhig und heimatlos. Der Fluch Gottes über Kain trifft gleichzeitig die ganze Kain-Linie, bis sie schließlich durch die Sintflut ausgelöscht wird.

6.3 Das Aufbegehren Kains

Kain beugt sich nicht unter dem Fluch Gottes und sieht in ihm nicht die gerechte Strafe für sein Handeln. Selbst in dieser bitteren Stunde kommt ihm keine Bitte um Vergebung über die Lippen. Stattdessen denkt er an sein nacktes Leben und befürchtet, erschlagen zu werden. Es ist sein friedloses Gewissen, das ihn an seine unvergebene Mordtat erinnert und in ihm Ängste schürt, dass es ihm genauso ergehen könnte. Unvergebene Schuld lastet auf dem Menschen und treibt ihn in Angst.

6.4 Die unbegreifliche Liebe Gottes zum sündigen Menschen

So wie Gott Adam und Eva – tief symbolhaft – mit Tierfellen bekleidet und ihnen damit ein Leben unter seiner Vergebung in Aussicht stellt, so gibt er Kain ein Zeichen, das ihn vor eventuellen Mördern schützt. Es zeigt sich schon am Anfang der Menschheitsgeschichte, dass Gott dem Sünder nachgeht und kein Interesse an dessen Tod hat. „Meinst du, dass ich Gefallen habe am Tode des Gottlosen, spricht Gott der Herr, und nicht vielmehr daran, dass er sich bekehrt von seinen Wegen und am Leben bleibt?“ (Hes 18,23) Welches Zeichen Gott an Kain angebracht hat, wissen wir nicht. Kain verließ Gottes Angesicht und wohnte jenseits von Eden, in Richtung Osten. Von einer späteren Bekehrung Kains berichtet die Bibel nichts, im Gegenteil, er wird als ein Kind des Teufels bezeichnet (1 Joh 3,12; Judas 11).

1 Mose 4,17-26

Bevor mit Kapitel 5 das erste Geschlechtsregister der Urgeschichte beginnt (die *Toledoth,* die „Zeugungen“ Adams, wie Buber den hebräischen Begriff übersetzt), schließt Kapitel 4,17-26 die Erzählung von der Erschaffung des Himmels und der Erde ab. Dieser Abschnitt stellt die wachsende Sündhaftigkeit der Nachkommen Adams aus der Kainslinie dar. Der Abschnitt Kapitel 5,1-32 stellt demgegenüber den Segen Gottes für die Nachkommen Adams aus der Sethlinie dar.

Die Kainslinie geht komplett in der Sintflut unter, die Sethlinie bekommt mit Noah einen Verheißungsträger, mit dem Gott einen neuen Anfang mit der Menschheit macht. Die Kainslinie ruft Gottes Zorn hervor, wie er in Kapitel 6,5 deutlich wird, die Sethlinie empfängt den noachitischen Segen (Kapitel 9,1). Interessant ist, dass sich viele Namen der Kainslinie in der Segenslinie wiederholen. Die Geschichte des zunehmenden inneren Abfalls von Gott wird im Abschnitt 4,17-24 in einigen Etappen kurz geschildert.

1.) Kain erbaut eine Stadt und nennt sie nach seinem Sohn Henoch. Er, der von Gott zu einem unsteten und ruhelosen Leben verflucht wurde, versucht mit einer Stadtgründung, seinem Leben einen neuen Mittelpunkt und einen Halt zu geben. Dieses Bestreben des gefallenen Menschen kommt im Turmbau zu Babel (1 Mose 11) zu einem vorläufigen Höhepunkt. Wir werden dort noch über das innere Wesen der Stadt nachdenken.

2.) Indem Kain die Stadt nach seinem Sohn nennt, versucht er seinem Geschlecht Dauer zu vermitteln. Anstatt mit der Namensgebung Gott zu ehren, ehrt er seinen Sohn. Es zeigt sich auch an dieser Stelle, dass Kain unwillig und unfähig zur Umkehr zu Gott ist.

3.) In der siebenten Generation der Kainslinie, bei Lamech, zeigt sich das vollendete Stadium des Abfalls. Die siebente Generation der Sethlinie erwähnt demgegenüber Henoch als einen Mann, „der mit Gott wandelte" (Kapitel 5,22). Man kann sagen, dass die Menschheit bereits nach sieben Generationen sowohl zum Bösen als auch zum Guten ausgereift war. In der Kainslinie hatte man den Namen Gottes vergessen, in der Sethlinie hatte man ihn angerufen. Fluch und Segen haben eine generationenübergreifende Wirkung.

4.) Lamech nahm sich zwei Frauen. Hinter dieser knappen Aussage verbirgt sich ein gewaltiger kulturgeschichtlicher Einbruch. Zum ersten Mal entschließt sich der Mensch, die göttliche Stiftung der Einehe zu verlassen und eine Mehrehe, also den permanenten institutionalisierten Ehebruch zu gründen. Damit verlässt der Mensch den einzigen Schutz und Segensraum, der ihm nach dem Sündenfall auf dieser Erde noch verblieben war.

5.) Lamech brüstet sich seiner Mordlust. Er will, wohl mit Hilfe der gerade erfundenen Eisenwaffen, seine Herrschaft befestigen, und er schreckt nicht davor zurück, für geringfügige Vergehen anderer („Wunde", „Beule") mit Mord zu reagieren. Damit zeigt schon die Urgeschichte kurz und knapp, dass der Abfall von Gott unweigerlich Sünde im geschlechtlichen Bereich und im sozialen Umfeld nach sich zieht. Ferner wird deutlich, dass unvergebene Schuld den Menschen in eine gefährliche Abstumpfung hineinzieht. Er hört die Stimme seines Gewissens nicht mehr. Sein Egoismus wird überstark.

6.) Lamech will sich selber 77 mal rächen. Obwohl er weiß, dass Gott selber eventuelle Vergehen an Kain rächen wollte (Kapitel 4,15), fällt er in die Hybris, sich selber schützen und gegebenenfalls rächen zu wollen. Dahinter spürt man die Angst des gottlosen Menschen. Im Neuen Testament wird diese unersättliche Rachgier durch die unbeschränkte Vergebung überwinden. Es spricht vieles dafür, dass Jesus in seiner Antwort auf die Frage des Petrus, wie oft man vergeben müsse, an Lamechs Rachgier gedacht hat.

7.) Lamech nutzt die kulturellen Errungenschaften der frühen Menschheit brutal für sich aus. Das Eisen verwendet er für Waffen, die Liedkunst für angeberische Mordlieder. Nicht ohne Grund sind die Verse 23 und 24 in einer poetischen Form überliefert. Der gefallene Mensch nutzt seine Fähigkeiten zum Schlechten, so wie der erlöste Mensch dazu berufen ist, seine ganzen seelischen Kräfte, das Denken, Wollen und Fühlen zur Ehre Gottes einzusetzen.

In Seth erkennt Eva einen Ersatz für den getöteten Abel (4,25). Damit erkennt sie, dass Gott weitere Menschen von Abels Art haben will. Mit Seth und seinem Sohn Enosch beginnt man wieder den Namen des lebendigen Gottes anzurufen (4,26). Damit nimmt „die Gemeindegestalt des Bekenntnisses zum heilsgeschichtlichen Gott ihren Anfang“ (Delitzsch). Der gute Teil des Erbes von Adam und Eva blüht auf. Die Namensgebung verdient ebenfalls noch unsere Aufmerksamkeit. „Enosch“ kann man evtl. mit „Schwachheit“ wiedergeben. Ganz anders als Kain, der sich mit seinem Sohn einen dauerhaften Namen machen wollte, würde Seth damit die ganze Hilfsbedürftigkeit der gefallenen Menschheit ausdrücken. Wenn der Hilfsbedürftige sein Angewiesensein auf Gott erkennt und wie Seth den Namen des lebendigen Gottes anruft, dann tritt er ein in die Segenslinie, die mit Seth deutlich wird.

7. Die Segenslinie von Adam zu Noah

1 Mose 5,1-32

Die biblische Urgeschichte (1. Mose 1-11) ist äußerst kunstvoll aufgebaut. Nach dem Schöpfungsbericht, der Paradieserzählung und dem Sündenfallbericht (Kapitel 1-3) folgt zunächst der Bericht von Kain und Abel und eine knappe Schilderung der mit Kain beginnenden Fluchlinie (4,1-24). Daran schließt sich ein erstes Geschlechtsregister von Adam über Seth bis zu Noah an, das die Segens- bzw. Verheißungslinie Gottes darstellt. Gott hat nach dem Fall des ersten Menschenpaares sein Herz nicht vor den Menschen verschlossen, sondern beginnt ganz im Verborgenen seinen Plan zur Erlösung der Menschen in die Tat umzusetzen. Die Zeitspanne der *Toledoth* Adams umfasst die Zeit von der Schöpfung bis zur Sintflut (5,1-32). Nach diesem Register folgt ein kurzer Erzähltext, der die Zunahme der menschlichen Bosheit schildert, und dann ein langer Erzähltext über Noah und seine Söhne, in den zusätzlich noch die sog. Völkertafel eingebaut ist (6,9-11,9). In einem zweiten Geschlechtsregister wird die Fortsetzung der Verheißungslinie von Sem bis Abraham geschildert (11,10-26). Der Erzähltext über Abraham, Isaak und Jakob in 1 Mose 12-50 bildet dann als sog. Patriarchengeschichte den 2. Teil des 1. Buchs Mose.

Dieser Aufbau zeigt, dass die biblische Urgeschichte vorrangig nicht chronistisch, sondern theologisch interessiert ist. Die beiden Geschlechtsregister zeigen den Weg der Gnade Gottes von Adam und Seth bis Noah und von Sem bis Abram. Dabei ist es bestimmt kein Zufall, dass in beiden Reihen jeweils zehn Segensträger angegeben sind. Zehn ist die Zahl der Zuwendung Gottes zur Menschheit.

Die biblische Urgeschichte ist eine paradoxe Geschichte. Inmitten einer zweimaligen zunehmenden inneren Abfallphase, die zweimal in die Katastrophe führt (Sintflut und Sprachverwirrung), werden zwei Geschlechterreihen aufgeführt (Seth bis Noah und Sem bis Abram), die Gott segnet und die zur Entstehung des auserwählten Volkes Israel führen, durch das Gott seinen Segen der ganzen Menschheit zuteil werden lassen will.

Die zehn Verheißungsgenerationen von Adam bis Noah mit ihrem Lebensalter:

1	Adam	930 Jahre
2	Seth	912 Jahre
3	Enosch	905 Jahre
4	Kenan	910 Jahre
	Mahalalel	895 Jahre
6	Jared	962 Jahre
7	Henoch	365 Jahre (danach Entrückung)
8	Methuschelach	969 Jahre
9	Lamech	777 Jahre
10	Noah	950 Jahre (nach 1. Mose 9,29)

Ein Vergleich der von Kain bis Lamech reichenden Fluchlinie (4,17-24) mit der von Seth bis Sem reichenden Segenslinie (5,3-32) ist sehr aufschlussreich und weist interessante Parallelitäten auf. Aus der Fluchlinie werden zwei Sünder hervorgehoben (Kain und Lamech), aus der Segenslinie zwei Gerechte (Henoch und der namensgleiche Lamech). Die Fluchlinie beginnt mit dem falschen Opfer Kains (4,3), die Segenslinie mit der Anrufung des lebendigen Gottes durch Seth (4,26).

Kapitel 5 beginnt mit der Feststellung „Dies ist das Buch von Adams Geschlecht". Man kann diesen Satz als Abschluss der Paradieserzählung, des Sündenfallberichts und von Kapitel 4 verstehen. Dann würde er bedeuten „Dies ist das Abstammungsbuch Adams". Oder man kann ihn als Überschrift zu Kapitel 5 und Kapitel 6,1-8 deuten. Dann meint er „Dies ist das Buch der Nachkommen Adams". Die schon erwähnte Parallelität der Abschnitte 5,1-6,8 und 11,10-26 und das theologische Interesse der biblischen Urgeschichte an der Herausstellung der Verheißungslinien sprechen für die zweite Auffassung.

In V. 2 ist interessant, dass Adam und Eva am selben Tag geschaffen wurden (statt „Zeit“ steht hier im Hebräischen „Tag“). Das spricht für die Annahme, dass die Paradieserzählung nichts anderes sein will als eine Detailbeschreibung des sechsten Schöpfungstags. In 5,3 wird Seth ausdrücklich als ein Sohn geschildert, der Adam „gleich und nach seinem Bild war“. Er war also ein Mensch, der genauso wie Adam unter der besonderen Verheißung der Ebenbildlichkeit Gottes stand. Seth überlebte seinen Vater um 112 Jahre. Von den meisten der hier erwähnten Vorfahren Noahs wissen wir nichts. Von Henoch wird gesagt, dass er mit Gott wandelte (das höchste Lob, das die Heilige Schrift kennt) und dass Gott ihn zu sich in den Himmel entrückte. Das ist ein erster Hinweis auf die Entrückung der Gemeinde Jesu bei Jesu Wiederkunft (vgl. 1 Th 4,15-18).

Lamechs Segensgebet bei Noahs Geburt hat sich erfüllt und wird sich erfüllen. An Noahs Bewahrung in der Sintflut haben schon unzählige Gläubige im Blick auf die Mühsal ihrer irdischen Existenz großen Trost und im Blick auf Gottes Gericht eine starke Hoffnung gefunden. Dieses Segensgebet wird jedoch für die Gemeinde Jesu seine letzte Erfüllung im endgeschichtlichen Geschehen bekommen, wenn sie in den letzten Anfechtungen auf ihren Herrn wartet. So wie Gott einst Noah und die Seinen vor dem Strafgericht der Sintflut gerettet hat, so wird er auch die Gemeinde Jesu vor den endgeschichtlichen Gerichten zu bewahren wissen. Diese vom Heiligen Geist geschenkte Gewissheit wird dann der stärkste Trost sein, den sich die Gemeinde nur wünschen kann.

1 Mose 6,1-8

Nach dem ersten Geschlechtsregister der biblischen Urgeschichte finden wir in Kapitel 6,1-8 einen kurzen Erzähltext, der die zunehmende Bosheit des Menschengeschlechts beschreibt und damit die heilsgeschichtlich-theologische Erklärung des Sintflutgeschehens bietet. Die in 6,5 als Begründung für das Flutgericht erwähnte große Bosheit der Menschen hat nämlich mit den in 6,1-4 geschilderten Vorgängen zu tun. Diese Bosheit war nicht nur menschlicher, sondern auch dämonischer Natur.

Um der Menschheit eine Weiterexistenz auf der Erde zu ermöglichen, musste Gott eingreifen. Die Sintflut ist also nicht nur ein Strafgericht, sondern im Blick auf die Bewahrung der kommenden Menschheitsgenerationen auch eine Bewahrungstat Gottes.

Die vorsintflutliche Menschheit wurde von zwei Stämmen gebildet, die sich angesichts der besonderen klimatischen Bedingungen in der vorsintflutlichen Zeit und der noch nicht degenerieren Lebenskraft sehr schnell vermehrt haben müssen, und zwar von den Nachkommen Kains und den Nachkommen Seths. Wir wissen nicht, wie groß der zeitliche Rahmen zwischen Schöpfung und Sintflut war. Franz Delitzsch hat an 1656 Jahre gedacht. Doch A.E. Wilder-Smith hat mit Recht darauf hingewiesen, dass die Jahres- und Altersangaben der Urgeschichte Lücken aufweisen, die exakte Berechnungen unmöglich machen. Andererseits ist es nach dem Zeugnis der biblischen Urgeschichte klar, dass es sich hierbei um Größenordnungen handelt, die im Bereich der Tausende von Jahren und nicht im Bereich von Jahrmillionen liegen.

Innerhalb dieses Zeitraums muss es, wie aus 2 Petr 2,4f und Judas 6 hervorgeht, zu einem „Engelfall" gekommen sein, also zu einem Sündenfall von Engeln, die ihren himmlischen Stand und ihre himmlische Wohnung eigenmächtig verließen.

In 2 Petr 2,4 ist davon die Rede, dass Gott diese gefallenen Engel mit Ketten gebunden und in die Hölle gestoßen hat. Weil dieser Hinweis unmittelbar vor der Erwähnung Noahs steht, liegt es nahe, das Treiben dieser gefallenen Engel im Zeitraum unmittelbar vor der Sintflut anzusetzen. Auch Judas 6 spricht von Engeln, die mit „ewigen Banden" in der Finsternis für den Gerichtstag festgehalten werden. Aus beiden Bibelstellen ergibt sich eine Verbindung zu 1 Mose 6,1-4 und die Annahme, dass es sich bei diesem „Engelfall" um ein eigenmächtiges Herabkommen bestimmter Engel auf die Erde gehandelt haben muss. Nach 1 Mose 6,4 war dieses Herabkommen begründet in sexuellen Wünschen und Handlungen. Gefallene Engelwesen haben also mit menschlichen Frauen Kinder gezeugt.

Delitzsch verweist in seiner Genesis-Auslegung auf die alten Mythologien, die von Himmelswesen erzählen, die auf die Erde kamen und sich sexuell mit Menschen verbanden. Die aus diesen Verbindungen entstandenen Wesen werden in 1 Mose 6,4 „Riesen" und „hochberühmte Helden der Vorzeit" genannt. Mose, auf den diese Bemerkung wahrscheinlich zurückgeht, kannte also diese Überlieferungen. Die entsprechenden mythologischen Erzählungen berichten in der Tat von Wesen, halb Himmelswesen und halb Mensch, die auf der Erde gelebt haben und über außerordentliche Fähigkeiten verfügten, sowohl was ihre Kräfte, ihre Intelligenz als auch ihre Lebensdauer betrifft. Wir können durchaus annehmen, dass es sich bei diesen mythologischen Gestalten um die hier in 1 Mose 6,4 so genannten „Riesen" handelte.

Im Abschnitt 1 Mose 6,1-4 geht es aber nicht nur um eine historische Erinnerung an die Anfänge der Menschheit, sondern der Bericht hat vor allem die Funktion, die göttliche Strafe der Sintflut zu begründen. Es heißt nämlich in 1 Mose 6,5, dass die Bosheit der Menschen so groß geworden war, dass es Gott gereute, die Menschen erschaffen zu haben. Durch die sündhafte Verbindung gefallener Engel mit Menschen waren also in der vorsintflutlichen Zeit Mischwesen aus Engel und Mensch entstanden, deren Sündhaftigkeit alles Dagewesene in den Schatten stellte, so dass die ganze damalige Menschheit unheilbar in die Sünde gezogen wurde und nur deren Vernichtung übrig blieb.

Obwohl die biblischen Berichte bei diesen Vorgängen nicht ausdrücklich den Teufel beim Namen nennen, können wir davon ausgehen, dass dies alles ein teuflisches Spiel war, durch das Satan versuchte, die Menschheit zu manipulieren und sich vollständig gefügig zu machen. Eine auf diese Weise durch und durch satanisch verführte Menschheit wäre für Gottes Wort und Willen nicht mehr ansprechbar gewesen. Um künftige Generationen von dieser Dämonie zu befreien, blieb Gott nichts anderes übrig, als die ganze vorsintflutliche Menschheit der Vernichtung preiszugeben. Im Blick auf Gottes weitere Pläne mit der Menschheit und auf den weiteren Bestand des menschlichen Geschlechts kann man also bei der Sintflut auch von einem Bewahrungsakt sprechen. Eine von dämonischer Gottlosigkeit manipulierte Menschheit wäre nicht lange existenzfähig geblieben und hätte womöglich bald nicht einmal mehr einen einzigen Frommen unter sich zugelassen.

Die Tatsache, dass es sich in 1 Mose 6,1-4 um Sexualsünden handelte, zeigt, dass die Sexualität von Anfang der Menschheitsgeschichte an ein bevorzugtes Betätigungsfeld Satans ist. Eine sexuell pervertierte Menschheit wird blind für Gottes Wort und rennt in die Katastrophe. Diese Tatsache gilt es im Blick auf die endgeschichtlichen Weissagungen ernst zu nehmen.

Der Abschnitt 6,5-8 gehört noch zum Stammbaum Adams. Ab 6,9 beginnt dann der Stammbaum Noahs. V. 5 zieht aus den in V. 1-4 geschilderten Vorgängen die Folgerung. Gott stellt fest, dass nach der Vermischung der Menschheit mit den gefallenen Engelwesen das Herz der Menschen durch und durch böse geworden war. Wörtlich heißt es: „Alle Gedankengebilde des Herzens sind böse den ganzen Tag". In einer bewegenden Gegenüberstellung zum Herzen der Menschen heißt es dann in V. 6 von Gott „Er betrübte sich in sein Herz hinein". Das meint: ein unendlich großer Schmerz durchdringt Gottes Herz. Er leidet an der Bosheit der Menschen, denn er „hat nicht Lust am Tod des Sünders" (Hes 33,11). Wenn aber die Gottlosigkeit das menschliche Herz so total bestimmt, dass eine Umkehr nicht mehr möglich ist, bleibt dem Menschen nur noch Gottes Strafgericht.

Petrus weist in 2 Petr 3,5-7 darauf hin, dass die Sintflut als Gerichtshandeln Gottes verstanden werden muss. In 1 Petr 3,21 vergleicht Petrus die Taufe mit der Sintflut und gibt ihr damit die Bedeutung des vollständigen Ertränktwerdens des alten Menschen. So wie die Sintflut die sündhafte Menschheit völlig dahingerafft hat, so stellt die Taufe die vollständige Vernichtung der Sünde durch Christus dar. Auch Jesus weist auf die Sintflut warnend hin (Mt 24,39 und Luk 17,27).

Die Segenslinie des Geschlechtsregisters Adams, die in Kapitel 5,1-3 mit Adams Sohn Seth begann, kommt nach zehn Generationen in 6,8 zu ihrem vorläufigen Ziel. Noah, der schon in 5,28-32 erwähnt war, wird nun als ein besonderer Träger der Gnade Gottes hervorgehoben. Während die übrige Menschheit in einer unüberbietbaren Gottlosigkeit und Boshaftigkeit angekommen war, fand Gott in ihm einen Menschen, der demütig war und der Gottes Gnade empfangen konnte.

8. Noah und die Sintflut

1 Mose 6,9-22

Inmitten der dem Untergang geweihten Menschheit gibt es einen Mann, der „mit Gott wandelte", Noah. Das ist das höchste Lob, das die Heilige Schrift über einen Menschen ausspricht (vgl. die Charakteristik Henochs in 1 Mose 5,24). Fromm sein heißt demütig sein vor Gott, gering von sich denken, groß von Gott denken. Fromme Menschen in diesem Sinn empfangen von Gott Gnade, denn den Demütigen gibt Gott Gnade (Jak 4,6; 1 Petr 5,5).

Der Begriff „Sintflut" kommt vom althochdeutschen *sin*, was immer, überall und vollständig bedeutet. Das Wort bezeichnet also eine große, weltumspannende und lange andauernde Flut. Sie war ein die ganze Erdkugel betreffendes göttliches Gerichtsgeschehen, das in seinen Dimensionen nur noch vom Endgericht übertroffen wird. Flutsagen gibt es in vielen Kulturen. Dies kann als ein Indiz für die ursprüngliche Einheit des Menschengeschlechts nach der Sintflut gewertet werden. Die Söhne Noahs gaben ihr Wissen an die aus ihnen entstehende nachsintflutliche Menschheit weiter.

Der ganze Sintflutbericht ist sehr kunstvoll aufgebaut. Je 24 mal kommen die Worte Noah, Arche, Wasser (= Flut) und Erde vor. Der Bericht ist in einem feierlichen Urkundenstil verfasst, was seine große Bedeutung für die ganze Menschheit unterstreicht. Die Sintflut kam im 600. Lebensjahr Noahs. Sein Vater Lamech hat sie nicht mehr erlebt. Methuschelach, Noahs Großvater, starb im Jahr der Flut. Lamech und Methuschelach als Träger der von Seth herkommenden Verheißung sind also nicht in der Sintflut umgekommen.

In moderne Maße umgerechnet, soll die Arche nach Gottes Anweisungen an Noah 131 m lang, 22 m breit und 13 m hoch sein. Das entspricht einem Volumen von 13250 BRT. Am oberen Rand soll die Arche einen Fensterstreifen bekommen. Unter der Voraussetzung, dass nur Jungtiere in die Arche kamen, dass es sich bei ihnen um biologische Grundtypen handelte und dass Gott sie in eine Art Winterschlaf versetzte, wo sie kaum Futter benötigten, ist die Errettung der Tierwelt in der Arche vorstellbar.

Dreimal wird feierlich angekündigt, dass alles Fleisch, in dem Odem des Lebens ist, durch die Flut umkommen soll. Auch die Tierwelt wird also in das Gerichtsgeschehen mit hineingenommen (vgl. Röm 8,21). In

V. 18 wird der noachitische Bund angekündigt. Die Sintflut ist nicht das endgültige Strafgericht Gottes. Sowohl die Menschen als auch die Tiere erhalten die Chance und die Verheißung zum Neuanfang. V. 22 hebt noch einmal den bedingungslosen Gehorsam Noahs hervor.

1 Mose 7,1-16

Über den Baubeginn, die Baudauer und die Fertigstellung der Arche wird im Sintflutbericht nichts gesagt. Es heißt nur lapidar, dass Noah alles tat, was Gott ihm gebot (6,22). Als die Arche fertig war, gibt Gott Noah den Befehl hineinzugehen und ordnet an, welche Tiere in der Arche Platz finden sollen.

Ähnlich wie Abraham wird auch Noah von Gott gerecht gesprochen. Bei beiden war es der Glaube, den Gott als Gerechtigkeit ansieht und deswegen beide gerecht spricht (1 Mose 15,6; Hebr 11,7). Interessant ist der Hinweis auf „das ganze Haus" Noahs in 7,1. Weil Noah in Gottes Augen gerecht war, wurden auch seine Verwandten mit gerettet. Weil sich Abraham für Lot einsetzte, wurde dieser samt seinen zwei Töchtern gerettet. Weil die Familienangehörigen eines gläubigen Menschen unter Gottes Segen stehen, können Paulus und Silas zum Kerkermeister sagen: „Glaube an den Herrn Jesus, so wirst du und dein ganzes Haus errettet" (Ag 16,31) und heißt es in 1 Kor 7,14, dass der Ehepartner und die Kinder eines gläubigen Christen geheiligt sind.

Die Anordnung bezüglich der reinen und unreinen Tiere in den Versen 2 und 3 bezieht sich wahrscheinlich auf die Tiere für das Brandopfer, das Noah nach der Sintflut Gott darbrachte (8,20). Die Siebenzahl ist die Zahl der göttlichen Vollkommenheit. Durch dieses Opfer wurde die Weiterexistenz der Tierwelt gesichert (7,3). Bei den Opfertieren heißt es, dass Noah sie nehmen sollte, von den übrigen Tieren heißt es, dass sie in die Arche gingen (7,9 und 16). Bei ihnen war es offensichtlich so, dass Gott selber sie in die Arche führte.

Nach sieben Tagen sollte nach Gottes Anordnung die Beladung der Arche mit den Tieren abgeschlossen sein. Ohne ein direktes göttliches Eingreifen – sowohl was die Auswahl der Tiere als auch ihre Herbeiführung und Hineinführung in die Arche betrifft – wäre diese Aufgabe binnen einer Woche nicht zu bewältigen gewesen. Setzt man bei der Arche ein Ladevolumen von etwa 600 Güterwagen voraus und beschränkt man die Tierauswahl auf etwa 16000 biologische Grundtypen, erscheint der biblische Sintflutbericht keineswegs märchenhaft (vgl. Werner Gitt, Das sonderbarste Schiff der Weltgeschichte, in: Fundamentum 3/2000).

Die Ankündigung in 7,4 und der Bericht in 7,12, dass Gott vierzig Tage und Nächte lang unbeschreiblich riesige Wassermassen als Strafgericht über alles Lebendige schickt, ist nicht nur eine bloße Zeitangabe, sondern hat auch eine symbolische Dimension. Die Vierzig ist in der Bibel oft eine Prüfungs-, Sichtungs- und Bewährungszeit, in welcher entweder eine von Gott verhängte Strafe erduldet werden muss (z. B. beim Wüstenzug Israels) oder der Glaube einer Bewährung unterzogen wird (z. B. Elias Wanderung zum Horeb).

Die Sintflut darf man sich nicht als bloßen ununterbrochenen Regen vorstellen. Dieser hätte in vierzig Tagen und Nächten nicht die ganze Erde überfluten können. Vielmehr ist an eine alle Vorstellungen sprengende Flutkatastrophe zu denken, die aus Wassermassen gespeist wurde, die sich aus einem Himmelsreservoir und aus unterirdischen Wasserreservoiren über die Erde ergossen. Die Maßnahmen Gottes am zweiten Schöpfungstag (Scheidung von Wassermassen unter und über der Himmelsfeste) waren vermutlich eine Vorbereitung des von ihm vorausgesehenen Sintflutgerichts.

Noah hat offensichtlich über alle Geschehnisse im Zusammenhang der Sintflut genau Buch geführt. Die chronologische Bezugsgröße war sein eigenes Lebensalter. Am 17. Tag im zweiten Monat seines 600. Lebensjahres geht Noah mit seinen Angehörigen in die Arche. Nachdem Gott selber die Arche verschlossen hatte, beginnt die Flut.

1 Mose 7,17-24

Dieser Abschnitt berichtet von der Dauer der Sintflut, von ihrer unfasslichen Gewalt und von ihrer riesigen globalen Ausdehnung. Der Leser bekommt hier einen unauslöschlichen Eindruck von den gewaltigen Dimensionen und der vernichtenden Kraft dieser Katastrophe. Dabei wird auch in diesem Abschnitt deutlich, dass es sich bei der Sintflut nicht bloß um eine gewaltige Naturkatastrophe gehandelt hat, sondern um ein direktes Strafhandeln Gottes, so wie das auch vom N.T. gesehen wird. Am schärfsten stellt Petrus den Gerichtscharakter der Sintflut heraus. In 2 Petr 3,6f spricht er davon, dass die vorsintflutliche Erde durch Wasser vernichtet wurde und dass die nachsintflutliche Welt wegen der Gottlosigkeit der Menschen in einem ähnlichen globalen Gerichtsgeschehen durch Feuer gerichtet werden wird. Auch Jesus erwähnt die Sintflut und nimmt sie als Vergleich für die mit seiner Wiederkunft einsetzenden Gerichte (Luk 17,26-30).

Wie viele Menschen bei der Sintflut ums Leben kamen, wird nicht berichtet. Die vorsintflutlichen Generationenfolgen lassen aber erahnen, dass es sehr viele gewesen sein müssen. (Whitcomb und Morris, Die Sintflut, 1977, versuchen eine Schätzung).

Die Dauer und die Gewalt der Sintflut: Wie in 7,4 wird auch in 7,17 berichtet, dass die Fluten 40 Tage und Nächte aus dem Himmel und aus der Erdentiefe auf die Erde einströmten. In 7,17 bis 7,20 wird in dramatischer und bewegender Weise das Ansteigen des Wasserpegels festgestellt. 7,17: „… die Wasser wuchsen"; 7,18: „Die Wasser nahmen überhand und wuchsen sehr"; 7,19: „Die Wasser nahmen überhand und wuchsen so sehr auf Erden, dass alle hohen Berge unter dem ganzen Himmel bedeckt wurden"; 7,20: „Fünfzehn Ellen hoch gingen die Wasser über die Berge, so dass sie ganz bedeckt wurden". Die Höhenangabe „fünfzehn Ellen" bezieht sich wahrscheinlich auf die Arche, die nach 6,15 dreißig Ellen hoch war und im beladenen Zustand fünfzehn Ellen im Wasser war. Der Hinweis auf „alle hohen Berge unter dem ganzen Himmel" macht noch einmal deutlich, dass der Sintflutbericht von einer globalen und nicht von einer partiellen Flut spricht.

Nach den 40 Tagen und Nächten der Flut ist das Gericht Gottes zum Ziel gekommen und das dem Gericht verfallene Leben ausgelöscht, was die Verse 21 bis 23 verdeutlichen. Die „Brunnen der Tiefe" und die „Fenster des Himmels" bleiben jedoch noch weitere 110 Tage geöffnet, so dass, nach V. 24 zu urteilen, noch von einem weiteren Anstieg des Wassers ausgegangen werden kann. V. 21-23 schildern mit knappen Worten den Untergang der Vögel, der Landtiere und der Menschen.

Der Bericht hält dabei die Reihenfolge des Schöpfungsberichts ein. Da die Sintflut ein Strafgericht über die auf der Erde ansässigen Menschen und über die durch die Menschen verdorbene vorsintflutliche Erde war, wird nur die irdische Tierwelt mit getroffen, nicht aber das Meer mit den Fischen. Das wird in V. 22 und 23 extra hervorgehoben: Alles, was Lebensodem hatte auf dem Land, kam um. Und: alles, was auf dem Erdboden war, wurde vertilgt. V. 23 bestätigt noch einmal, dass nur Noah mit seiner Frau und seinen drei Söhnen mit ihren Frauen übrig blieb. Die ganze nachnoachitische Menschheit hat also in diesen acht Personen ihre

Stammeltern. Die Veranlagung zu unterschiedlichen Rassen, wie sie sich nach der Sintflut entwickelt haben, ist anscheinend im menschlichen Erbgut von Anfang an festgelegt.

1 Mose 8,1-22

In 1 Mose 6,18 hatte Gott Noah verheißen, dass er mit ihm einen Bund (wörtlich „meinen Bund") aufrichten werde. Worin dieser Bund bestand, wird dort nicht mitgeteilt. Wir können aber davon ausgehen, dass Noah es wusste, ebenso, dass er die Bedeutung der von Gott bestimmten reinen Tiere kannte, von denen er je sieben mit in die Arche nehmen sollte. Noah wandelte mit Gott, und deswegen ist vorauszusetzen, dass Gott mit ihm und er mit Gott sprach.

Der Vf. des Hebräerbriefs beschreibt Noahs Wandel mit Gott folgendermaßen: „Durch den Glauben hat Noah Gott geehrt und die Arche gebaut zur Rettung seines Hauses, als er ein göttliches Wort empfing über das, was man noch nicht sah; durch den Glauben sprach er der Welt das Urteil und hat ererbt die Gerechtigkeit, die durch den Glauben kommt" (Hebr 11,7). An diese in 6,18 ausgesprochene Verheißung gedachte Gott (8,1). Aufgrund dieser Verheißung ist Noah mit seiner Familie und sind die Tiere in der Arche am Leben geblieben. Durch diese Verheißung hat die Menschheit Zukunft empfangen.

Die genauen Angaben über den Stillstand der Flut, über das Verlaufen des Wassers und über die Maßnahmen, die Noah bis zum Ausstieg aus der Arche ergriff, sind nur erklärlich, wenn man von einem exakt geführten Tagebuch Noahs ausgeht. Folgende Daten werden überliefert: Ab dem 150. Tag nach Einsetzen der Flut begann das Wasser abzunehmen. Nach 74 Tagen tauchten die Bergspitzen im Wasser auf. Nach weiteren 40 Tagen sandte Noah einen Raben aus, sieben Tage später eine Taube, diese fand weitere sieben Tage später ein Olivenblatt und wurde weitere sieben Tage später noch einmal ausgesandt. Noah wartete weitere 29 Tage, bis das Flutwasser verschwunden war und entfernte dann das Dach der Arche. Nach weiteren 57 Tagen Wartezeit verließ er die Arche (am 371. Tag nach Einsetzen der Flut).

Alle diese Angaben sind nicht nur chronologisch interessant, sondern drücken eine tiefe geistliche Symbolik aus, der man auf die Spur kommen muss. Zuerst wird der Rabe ausgesandt (als Bergvogel), um festzustellen, ob die Berge frei waren. Dann die Taube als Talvogel, um zu sehen, ob die

Täler schon trocken waren. Da Olivenbäume auch unter Wasser keimen und grünen können, war der Olivenzweig das denkbar früheste Zeichen neuen Lebens auf der Erde. Vor allem ist der Zweig aber als Symbol der Gnade Gottes und als Zeichen des kommenden Messias, des mit Öl Gesalbten wichtig. Mit diesem Olivenzweig verheißt Gott der nachsintflutlichen Menschheit die Erlösung von ihren Sünden durch Jesus Christus.

Exakt an seinem 601. Geburtstag öffnet Noah das Dach der Arche und darf sozusagen als göttliches Geburtstagsgeschenk sehen, dass sich das Flutwasser verlaufen hat. Dennoch wartet Noah noch fast zwei Monate, bis er von Gott die Weisung zum Verlassen der Arche erhält. Auch an dieser Geduld merkt man, dass Noah ein Mensch war, der Gott konsequent geehrt hat (Hebr 11,7). Auch die in der Arche versammelten Tiere erhalten den göttlichen Befehl, die Arche zu verlassen. So wie beim Einzug in die Arche werden sie auch beim Auszug direkt von Gott geführt.

In 1 Mose 8,20 wird zum ersten Mal in der Bibel erwähnt, dass ein Mensch Gott einen Brandopferaltar baut. Auch hier ist vorauszusetzen, dass Noah dazu eine Weisung von Gott erhielt. Das Brandopfer stellt immer die Ganzhingabe des Menschen dar. Diese Ganzhingabe ist das Ziel Gottes mit der Menschheit (vgl. Röm 12,1f). Sie ist ein lieblicher Geruch für ihn (1 Mose 8,21). Der Mensch ist und bleibt als irdisches Wesen zwar Sünder, aber durch den Glauben an Christus wird er mit Gott versöhnt und fähig zur Hingabe an Gott und den Nächsten. Gott erblickt also beim Opfer Noahs die in Christus erneuerte Menschheit. Um ihretwillen gelobt er sich (V. 22), den Menschen die irdischen Lebensbedingungen zu erhalten und sie dadurch zu segnen.

1 Mose 9,1-17

Der Abschnitt besteht aus zwei Teilen: Der Segen Gottes über Noah und seine Söhne und der Bundesschluss mit ihnen. Beide Akte haben eine weit reichende Bedeutung. Sie gelten der gesamten Menschheit von Noah an (vgl. V. 9), und sie gelten für alle Zeiten (vgl. V. 12).

8.1 Der Segen über Noah und seine Nachkommen

1.) Der lange Segensspruch (V. 1-7) wird eingerahmt von der doppelten Aufforderung an die Menschen, fruchtbar zu sein und die Erde zu füllen. Gott wünscht sich erklärtermaßen eine zahlreiche Menschheit. Schon am sechsten Schöpfungstag hatte Gott den Fruchtbarkeitssegen gespendet.

Gott will viele Menschen, weil seine Liebe unendlich groß ist und er viele Menschen zur Erlösung und zur Ebenbildlichkeit führen will.

Jede Abtreibung und jede grundsätzliche Verweigerungshaltung gegenüber der Fortpflanzung widerspricht dem Willen Gottes. Jedes Kind, das die Welt erblickt, steht unter Gottes Wohlgefallen, denn er hat seinen Sohn auch für diesen Menschen in den Tod gegeben, um ihn zu erlösen (Joh 3,16).

Das Gebot, die Eltern zu ehren (nach alttestamentlicher Zählung das fünfte Gebot, 2 Mose 20,12), zeigt den hohen Wert der Elternschaft in der Heiligen Schrift. Bekanntlich ist es das einzige Gebot mit einer Verheißung. Meist wird diese allerdings individuell ausgelegt und auf ein langes persönliches Leben bezogen. Im ursprünglichen Zusammenhang ist diese Verheißung jedoch korporativ gemeint, also auf das Volksganze bezogen. Ein Volk, das sich des Wertes von Elternschaft und Kindern bewusst ist, steht unter Gottes Fürsorge. Ein Volk, das die Tötung der Kinder im Mutterleib zulässt, die Zeugung von Kindern als ein Übel ansieht („Antibabypille") und sexuellen Praktiken frönt, die eine Zeugung ausschließen, verspielt den Segen Gottes.

2.) Gott bestätigt die Herrschaft des Menschen über das Tier. Schon Adam war in diese Herrschaftsrolle eingesetzt, weil er den Tieren einen Namen geben durfte (1 Mose 2,19). In diese Herrschaft wird nun ausdrücklich die Erlaubnis eingeschlossen, Tiere zu töten und ihr Fleisch zu essen. Dies war im Schöpfungsbericht noch nicht ausdrücklich erlaubt worden. Die Bekleidung des ersten Menschenpaares mit Tierfellen durch Gott und das Tieropfer Abels zeigen jedoch, dass diese Erlaubnis von Anfang an in Geltung stand. Ein grundsätzliches Tötungsverbot für bestimmte Tiere wie im Hinduismus entspringt heidnischem Denken.

Der Mensch soll das Blut als Träger des biologischen Lebens nicht als Speise zu sich nehmen. Diese Anordnung, die sich durch den ganzen Pentateuch zieht, wird auch von den Aposteln festgehalten (vgl. Ag 15,29). Erst in der paulinischen Verkündigung (1 Kor 10,23: „Alles ist erlaubt",) wird diese Anordnung geistlich relativiert.

3.) Gott stellt sich schützend vor das menschliche Leben. Er will selber der Rächer sein an allen, die aus eigenem Antrieb andere Menschen umbringen. Die Berufung des Menschen zur Gottesebenbildlichkeit schützt ihn vor der Mordgier anderer Menschen (V. 6). Wer sich dennoch eigenmächtig am Leben anderer Menschen vergreift, zieht sich Gottes eigene Rache und Strafe zu. Diese Konsequenz gilt es heute gerade auch angesichts der Abtreibungen und der sog. Sterbehilfe zu betonen. Gleichzeitig entlastet diese Zusage Gottes das Gewissen all derer, die aus direkter oder indirekter Betroffenheit unter der Tatsache der vielen unaufgeklärten und ungesühnten Tötungsdelikte leiden. An Gott kommt niemand vorbei, der sich aus egoistischen Gründen am Leben anderer Menschen vergreift.

8.2 Der Bundesschluss

Der noachitische Bund besteht in einer Selbstverpflichtung Gottes gegenüber der Menschheit und der Tierwelt, niemals mehr eine Sintflut über die Erde zu ergießen und Menschen und Tiere auf ewig zu erhalten. Menschen und Tiere wird es also immer geben. Was Gott mit unendlicher Liebe und Intelligenz erschaffen hat und mit dem Odem des Lebens ausgestattet hat, das trägt er durch alle Verirrungen der Zeiten hindurch. Im Grunde leuchtet schon bei diesem Bundesschluss das Evangelium hell auf. Eine dreifache Bedeutung möchte ich herausstellen.

1.) Zunächst bedeutet der Bund mit Noah und seinen Söhnen, dass Gott sich immer schützend vor die Menschheit stellen will, gerade auch dann, wenn sie dabei ist, sich selber umzubringen. Es wird also kein atomares Schreckensszenario geben, wo sich die Menschen gegenseitig ausrotten werden.

Wenn Gott hier einen Bund mit der gesamten Menschheit schließt, dann ist das nichts anderes als eine Bestandsgarantie des Menschengeschlechts. Schreckensszenarien von einer Selbstauslöschung der Menschen haben im christlichen Glauben keinen Platz.

2.) Vor allem ist der Bundesschluss aber eine göttliche Bestandsgarantie für Mensch und Tier über die Zeit dieser Erde hinaus bis zu den unendlichen Zeiten der neuen Erde. Immer wird es also Menschen und Tiere geben, weil Gottes Liebe unendlich ist.

Wir wissen aus dem letzten Buch der Bibel, dass die Völker auf der erneuerten Erde zum Neuen Jerusalem pilgern werden, um dort den lebendigen Gott anzubeten. Dort werden sie Zugang zu den Lebensbäumen haben. Der Tod als die große Geißel der Menschen auf der alten Erde wird nicht mehr existieren. Was die Tierwelt betrifft, so wird auch sie mit dem Offenbarwerden der Kinder Gottes in der Entrückung der Gemeinde vom Fluch der Vergänglichkeit erlöst werden (Röm 8,21).

3.) Zusätzlich zu dieser Selbstverpflichtung legt sich Gott noch eine zweite Verpflichtung auf. Er erschafft sich in Gestalt des Regenbogens ein Erinnerungszeichen für den Bundesschluss.

Der Regenbogen, der die Schönheit des von der Sonne bestrahlten Wassers widerspiegelt und damit ein Abglanz der Schönheit Gottes ist, erinnert Gott an sein Versprechen, die Erde nie wieder durch die furchtbare Gewalt des Wassers zu vernichten. Den Regenbogen hat Gott also in erster Linie für sich selbst eingesetzt (V. 16). Gleichzeitig ist er ein Phänomen, das Himmel und Erde miteinander verbindet und damit auch als Symbol der bleibenden Zuwendung Gottes zur lebendigen Kreatur dient.

9. Die Söhne Noahs, die Völkertafel und der Turmbau zu Babel

1 Mose 9,18-29

Dieser Abschnitt ist der letzte innerhalb der Chronik Noahs, die insgesamt von 6,9-9,29 reicht. Anschließend folgt die Chronik der Söhne Noahs (10,1-11,9). Der Abschnitt enthält den welt- und heilsgeschichtlich unerhört weit reichenden Segen Noahs für seine Söhne Sem und Japhet sowie den genauso bedeutsamen Fluch über seinen Enkel Kanaan. Die weltgeschichtliche Bedeutung dieser Geschehnisse wird gleich am Anfang dadurch unterstrichen, dass die ganze Menschheit von den drei Söhnen Noahs abgeleitet wird.

Noah lebte nach der Sintflut noch 350 Jahre. Wir wissen nicht, wann das nun geschilderte Geschehen stattgefunden hat, wir werden aber darüber informiert, dass es weltgeschichtliche Dimensionen hat.

Noah baute als erster Mensch überhaupt Wein an. Wein hat im Neuen Testament eine eschatologische Bedeutung, d. h. er weist auf die einst ungetrübte, dauerhafte und frohe Gemeinschaft zwischen Mensch und Gott hin. Jesus hat Wasser in Wein verwandelt, er ist im Wein des Abendmahls persönlich gegenwärtig, und er sagt in Mt 26,29, dass er auf der neuen Erde Wein trinken wird.

Da Noah die Wirkung des Alkohols noch nicht kennen konnte, ist sein Verhalten nicht als Sünde zu beurteilen. In Hebr 11,7 wird er jedenfalls ohne jeden Tadel zu den Glaubensvätern gerechnet. Die Sünde kommt erst durch das unzüchtige Verhalten Hams in diese Episode hinein, der seinen Brüdern vom Zustand des Vaters berichtet, anstatt den Mantel der Liebe darüber auszubreiten (vgl. 1 Petr 4,8).

Die Sünde Hams schädigt die Ehre seines Vaters, und sie beleidigt damit auch Gott, der Noah seine Gnade zuwendete (vgl. 6,8). Ham wusste, dass Gott selber Adam und Eva mit Fellen bedeckte, und wenn er nun den Brüdern vom entblößten Vater berichtet, entblößt er ihn selber. Bedenkt man, welche gravierenden Folgen diese erste „Entblößung" der Weltgeschichte hatte, kann man sich vorstellen, wie groß Gottes Zorn über unsere gegenwärtige Entblößungskultur sein muss. Demgegenüber steht das züchtige Verhalten Sems und Japhets, die dafür den Segen des Vaters empfangen.

9.1 Der Fluch über Kanaan

Nicht Ham wird bestraft (weil er unter Gottes Segen steht, vgl. 9,8ff), sondern sein Sohn Kanaan. Dreimal wird feierlich ausgesprochen, dass Kanaan (und seine Nachkommen) Knechte seiner Brüder (und deren Nachkommen) sein sollen. Hier liegt die früheste Begründung für die spätere Landnahme Israels und das Schicksal der kanaanäischen Völker. Wenn diese nach diesem Fluchwort Noahs gehandelt hätten und sich dem Volk Israel freiwillig als Knechte unterworfen hätten, wären sie verschont geblieben. Aber da sie zum großen Teil Israel bekämpft haben, wurden sie ganz oder teilweise ausgerottet.

9.2 Der Segen über Sem

Noah nennt in V. 29 Gott den „Herrn“ (hebr. *Jahwe*), und er bezeichnet ihn als Gott Sems. Das ist ein ganz außerordentlicher Segen. Damit erklärt Noah die Semiten zu Segensträgern und legt die ganze spätere Heilsgeschichte Gottes mit dem Volk Israel fest, das über Arpachschad und dessen Nachkommen bis zu Abraham Sem als Stammvater hat. Diesem einen Volk hat sich Gott mit seinem persönlichen Namen „Jahwe“ offenbart, dieses eine Volk hat er ausgewählt zum Priester- und Königsvolk für die ganze Menschheit (vgl. 2 Mose 19,5f).

9.3 Der Segen über Japhet

Gott wird Japhet „ausbreiten“. Der Name bedeutet „Gott mache ihm weiten Raum“. Die ganze nichtsemitische und nichthamitische Menschheit, also alle Völker, die nicht zum vorderasiatischen und nordafrikanischen Raum gehören, stammen von Japhet ab. Hochbedeutsam ist die Aussage, dass die Nachkommen Japhets in den Zelten Sems wohnen werden. Die Heiden werden von den Juden gesegnet werden (vgl. Joh 4,22), und auf der neuen Erde werden die Völker ihren Segen ebenfalls vom Neuen Jerusalem her und vom geistlich erneuerten Volk Israel empfangen.

1 Mose 10,1-32

Nach dem Erzählkomplex Paradies, Sündenfall, Kain und Abel, Kains Nachkommen (2,4-4,26), der Segenslinie von Adam bis Noah (5,1-6,8) und der Chronik Noahs (6,9-9,29) schließt sich als vierte Chronik der Urgeschichte die Chronik der Söhne Noahs an (10,1-11,9). Sie ist unterteilt in die sog. Völkertafel (10,1-32) und den Erzähltext vom Turmbau zu

Babel (11,1-9). Beide Teile gehören eng zusammen und legen sich gegenseitig aus.

Die Grundaussage der Völkertafel ist folgende: Alle Völker, die ganze nachnoachitische Menschheit stammt ab von den drei Söhnen Noahs und ihren Frauen. Die Entstehung der Völker aus diesen drei Menschenpaaren kann durchaus als eine gottgewollte Entwicklung angesehen werden, denn Gott selber hatte Noah und seinen Söhnen nach dem Ausstieg aus der Arche den Befehl gegeben, sich zu vermehren und die Erde zu füllen (9,1). Auch auf der neuen Erde nach Jesu Wiederkunft und den Gerichtshandlungen wird es Völker geben (Offb 21,24.26; 22,2).

Der Segen Noahs für seinen (vermutlich) ältesten Sohn Sem („Jahwe wird sein Gott sein"), der abgestufte Segen Noahs für Japhet (seine Nachkommen sollen „in den Zelten Sems" wohnen) sowie der Fluch Noahs über Kanaan sind hochbedeutsame Weichenstellungen für die gesamte Welt- und Heilsgeschichte, die sich später, viele Generationen nach der Sintflut, erfüllen. Aus den von Sem stammenden Völkern entwickelt sich u.a. Israel als Volk Jahwes, als Gottes Segensträger für die Menschheit. Die von Japhet stammenden Völker erhalten den Segen Gottes durch das Volk Israel vermittelt. Das ist mit dem Wohnen in Sems Zelten gemeint. An den von Kanaan stammenden Völkern erfüllt sich Noahs Fluch so, dass sie dem Volk Israel dienen sollen und dort, wo sie sich dieser Bestimmung entziehen, untergehen.

Die Völkertafel enthält eine Reihe von Angaben bzw. Andeutungen, die auf Segen bzw. Fluch der betreffenden Völker hindeuten. Die Tafel enthält 70 Völker. 14 werden von Japhet abgeleitet, 31 von Ham und 25 von Sem. Die Zahl 70 ist nicht unbedingt als Zählzahl aufzufassen, sondern eher als Symbolzahl für das Ganze der Menschheit. Die japhetitischen Völker werden den „Inseln" bzw. „Küsten der Heiden" zugeordnet (V. 5), die Namen dieser Völker deuten auf die indogermanische Völkergruppe. Die hamitischen Völker, die von Hams Söhnen Kusch, Mizrajim, Put und Kanaan abstammen, lassen sich in Nordostafrika und in Nordwestarabien lokalisieren (Kusch = Äthiopien, Mizrajim = Ägypten). Die Namen der semitischen Völker (z. B. Assur und Aram) weisen in das Gebiet des Zweistromlandes zwischen Euphrat und Tigris (Mesopotamien). Ihnen entstammt Abraham, der Erzvater Israels und der Nachkommen Ismaels. Abraham wurde zehn Generationen nach Noah geboren (die Namen der jeweiligen Verheißungsträger sind sämtlich in Jesu Stammbaum

Luk 3 erfasst, wobei dort, der Übersetzung der Septuaginta folgend, zusätzlich Kenan erwähnt wird). Damit deckt die Völkertafel den ganzen nach der Sintflut und nach der Völkerzerstreuung (d. h. nach dem Turmbaugeschehen) bewohnten Kulturkreis ab.

Die zehn Verheißungsgenerationen von Sem bis Abram (nach 1 Mose 11,10-32):

1	Sem	600 Jahre
2	Arpachschad	438 Jahre
3	Schelach	433 Jahre
4	Eber	464 Jahre
5	Peleg	239 Jahre
6	Regus (Regu)	239 Jahre
7	Serug	230 Jahre
8	Nahor	148 Jahre
9	Terach (Tharah)	205 Jahre
10	Abram (später Abraham)	175 Jahre (1. Mose 25,7)

Auffällig sind einzelne Namen, die in der Völkertafel überliefert werden. Unter den Hamiten wird besonders Nimrod hervorgehoben (der Name bedeutet wörtlich „Wir wollen rebellieren“). Er wird als der erste Gewaltherrscher und außerdem als gottfeindlicher „gewaltiger Jäger“ beschrieben. Sein Name ist auch in altbabylonischen und assyrischen Texten überliefert. Er gilt als Begründer des babylonischen und des assyrischen Reichs und der ersten großen Stadt (V. 12). Wenn es in V. 8 von Nimrod heißt, dass er als erster „Macht“ gewann auf der Erde, dann kann damit durchaus gemeint sein, dass er das erste Weltreich bzw. die erste Weltmacht schuf. Dass sich die vom Ararat-Gebirge nach Osten ziehenden Nachkommen Hams, Sems und Japhets im Zweistromland niederließen, anstatt nach Gottes Geheiß die Erde zu bevölkern, ist vielleicht auf eine Strategie und Manipulation Nimrods zurückzuführen.

Bei den Semiten wird Peleg (aus Jesu Stammbaum) hervorgehoben (V. 25). Zu seiner Zeit wurde die „Erde zerteilt“. M. Buber übersetzt hier statt Erde „Erdvolk". Damit wird diese Aussage ein Hinweis auf die Zerteilung und Zerstreuung der Menschheit nach dem Turmbau zu Babel. Peleg hat (nach Luk 3,34-36) genau in der Mitte der 10 Generationen von Sem bis Abraham gelebt. Wir hätten dann eine ungefähre zeitliche Eingrenzung des Turmbaugeschehens vor uns.

1 Mose 11,1-9

Gott hatte Noah und seinen Söhnen den Auftrag gegeben, die ganze Erde zu füllen (1 Mose 9,1). Stattdessen lagerten sich die Nachkommen in einer Ebene im Land Sinear (Mesopotamien) und wohnten dort (11,2). Was hier so lapidar geschildert wird, ist in Wirklichkeit eine Art zweiter Sündenfall. Die Menschen weigern sich, die Erde als ihren Wohn- und Arbeitsplatz anzunehmen und die Erde zu füllen. Bald nach dem Strafgericht der Sintflut fällt die Menschheit also erneut in Sünde, die wiederum ein Gericht Gottes nach sich zieht.

In 10,25 wurde schon berichtet, dass zu Pelegs Zeiten die Erde geteilt wurde, dass sich also Länder- und Sprachgrenzen bildeten. Der Bericht vom Turmbau zu Babel gibt nun die Begründung dafür. Interessant ist die Beobachtung, dass die Sintflut zehn Generationen nach Adam über die Menschen einbrach. Peleg ist jedoch erst die fünfte Generation nach Sem. Die Menschheit wurde also nach der Sintflut doppelt so schnell gerichtsreif wie vor dem Sündenfall.

Der Turmbaubericht beginnt mit der Feststellung, dass die Menschen bis in die Zeit der Söhne Noahs und ihrer Nachkommen eine einheitliche Redeweise (die gleichen Wörter) und Sprache (die gleiche Bedeutung der Wörter) hatten. Es handelte sich dabei zweifellos um die Sprache, die Adam und Eva von Gott selbst gelernt und an ihre Nachkommen weitergegeben hatten. Indem Gott Adam göttlichen Geist einblies und mit ihm redete, verlieh er ihm das Geschenk der Sprache und damit der Menschheit einen fundamental wichtigen Aspekt der Ebenbildlichkeit, denn Gott ist ein redender Gott. (Weitere Ausführungen dazu folgen im Exkurs „Sprachverwirrung und Sprachwunder" auf Seite 79.)

Der Ungehorsam der nachsintflutlichen Menschheit zieht weitere und größere Sünden nach sich. Sie beschließen, sich eine Stadt und einen Turm zu bauen, der bis an den Himmel reichen soll.

Die Stadt als Knotenpunkt menschlichen Lebens ist als solche noch nicht widergöttlich. Gott selber hat sich ja im Himmel eine Stadt als Residenzstadt gebaut, das Neue Jerusalem, das sich nach der Neuschöpfung von Himmel und Erde aus dem Himmel auf die neue Erde herabsenken wird. Mose durfte die ersten Einblicke in diese himmlische Stadt nehmen, als er die himmlische Stiftshütte betrachten durfte (2 Mose 25,9; Hebr 8,5). Abraham hatte Sehnsucht nach dieser Stadt (Hebr 11,10). Die Christenheit sucht sie (Hebr 13,14: „Wir haben hier keine bleibende Stadt, sondern die zukünftige suchen wir“).

Aber hier in Mesopotamien dient die Stadt nicht der gemeinsamen Verherrlichung Gottes, sondern ist Ausdruck der Gottlosigkeit. Diese Menschen sehen ihr Leben nicht als Pilgerschaft zu Gott, sondern gehen ganz im Irdischen auf. Ihre Stadt soll Symbol ihrer irdischen Gesinnung sein. Sie wollen ihren Lebenssinn auf dieser Erde finden, sie wollen sich auf dieser Erde eine bleibende Heimat aufbauen (deswegen die gebrannten Ziegel).

Ebenso ist der zum Himmel aufragende Turm ein Symbol ihres Abfalls von Gott. Sie selbst sind Gott, sie selber verfügen über den Himmel. Das soll der hohe Turm dokumentieren. Sie wollen sich „einen Namen machen“. Der Name steht in der Bibel immer für das Wesen. Diese Menschen wollen sich also neu definieren, nicht mehr als Geschöpfe Gottes, sondern als Stadt- und Turmmenschen, die selber Gott sind und ewig auf der Erde bleiben wollen. Was Gott von ihnen verlangt hat, dass sie nämlich die ganze Erde füllen sollen, erfüllt sie mit Angst. Sie wollen nicht „zerstreut“ werden, wie sie sagen. Wer Gott verloren hat, bekommt zwangsläufig eine hintergründige Abneigung vor dem Alleinsein. Er braucht andere Menschen, um sich von der eigenen inneren Leere abzulenken. Als gottlose Stadt- und Turmmenschen, die selber Gott sein wollen, wollen diese Menschen zusammenbleiben.

Die modernen Versuche der Menschen, sich über die Sprach-, Völker- und Landesgrenzen hinweg zu vereinigen, bekommen vor dem Hintergrund des Turmbaugeschehens eine bedrückende Dimension. Die elektronische Vernetzung des Wissens und der Information bindet die Menschen immer fester zusammen. Gleichzeitig müssen sie Strategien entwickeln, um sich noch einen Rest Privatsphäre zu erhalten, wobei jeder Kenner weiß, dass dies immer schwieriger wird. Am Horizont kündigt sich ein Welteinheitsstaat an, in dem jeder über jeden alles wissen kann und der damit den Mächtigen die totale Kontrolle über die Menschen ermöglicht. Gottes Weg mit den Menschen ist die globale Diversifikation (= Ausbreitung), die Menschen wählen stattdessen die Konzentration. Gott hält den Menschen eine göttliche Stadt für die Ewigkeit bereit, die Menschen versuchen sie sich auf Erden selber zu schaffen. Gott ruft die Menschen in eine irdische Wanderschaft hin zur ewigen Heimat, die Menschen machen aus der Erde ihre eigentliche und letzte Heimat.Mit deutlicher Ironie wird nun gesagt, dass Gott vom Himmel herniederfahren muss, um den „Himmelsturm" überhaupt zu sehen. Er beschließt, die Pläne der Menschen, auf immer und ewig in dieser Stadt zusammenzubleiben, zu zerstören. Dazu wählt er ein Mittel, auf das sie nicht vorbereitet sein konnten. Er verwirrt ihre einheitliche Sprache, m.a.W. er nimmt ihnen ihre ursprüngliche gottgegebene Sprache weg. Jetzt können sie sich nicht mehr verständigen und müssen, ob sie wollen oder nicht, auseinander gehen. So gewährleistet Gott gegen den Willen der Menschen ihre Besiedlung der ganzen Erde. Die Stadt und der Turm, die eine gottlose irdische Ewigkeit verbürgen sollten, werden zum Symbol des Chaos. Babel kann man mit „Verwirrung" oder „Gemenge" übersetzen.

Nun setzt die Entwicklung ein, die in Kapitel 10 beschrieben ist. Aus den Söhnen Noahs entwickeln sich die semitischen, hamitischen und japhetitischen Völker und bevölkern die Erde.

Heilsgeschichtlich betrachtet, ist die Sprachverwirrung und das Auseinanderführen der Völker eine Wohl- und Segenstat. Ein auf Gottlosigkeit, Angst und Machtgier gegründeter Welteinheitsstaat hat keine Chance auf dauerhafte Existenz, weder damals noch heute. Im Gegenteil, er bietet den Machtgierigen und Verführern willkommene Gelegenheiten, ihre bösen Pläne zu verwirklichen. Die Einheit der unerlösten Menschheit ist kein Traum, sondern ein Albtraum. Solange Gott sie verhindert, kann die Gemeinde Jesu nur dankbar sein.

Exkurs: Die Sprachverwirrung und das Pfingstwunder

Nach 1 Mose 11,1 hatten die Menschen, die sich in Mesopotamien gelagert hatten, eine einzige Sprache. Woher kam sie? Da die menschliche Sprache genauso wie der Geist kein menschliches Produkt und auch keine Kulturleistung der Völker darstellt, muss sie als eine besondere Gabe Gottes an die Menschheit verstanden werden. Der redende Gott gibt dem zur Gottesebenbildlichkeit berufenen Menschen Anteil am Wunder der Sprache. Indem Gott Adam mit göttlichem Geist ausstattete, übertrug er ihm auch die Sprachfähigkeit (1 Mose 2,7), indem er mit Adam sprach, brachte er ihn zum Reden (1 Mose 2,16f). Und indem Adam mit Eva sprach, weckte er ihre Sprachgabe. Diese Initialzündungen wiederholen sich seitdem millionenfach auf der Welt, wenn Eltern zu ihrem noch ungeborenen Kind sprechen und dann mit den Neugeborenen das Sprechen einüben.

Die menschliche Sprache ist ein unmittelbarer Ausdruck der Gottesebenbildlichkeit. Dies zeigt sich besonders an ihrer Macht, im Guten wie im Schlechten. So wie Gottes Wort schöpferisch ist und das bewirkt, was es soll (Ps 33,9), so vermag auch der Mensch seine Sprache schöpferisch einzusetzen und damit Menschen und Verhältnisse zu ändern. Mit geistlichen Liedern können wir uns gegenseitig ermuntern und uns aus Traurigkeit befreien (Eph 5,19), mit freundlicher, wahrhaftiger Rede können wir glaubensfernen Menschen das rechte Wort zur rechten Zeit sagen (Kol 4,6), mit dem Feuer einer bösen Zunge können wir uns aber auch selber beflecken und schwerstes Unheil anrichten („die ganze Welt anzünden", Jak 3,5f).

Welch eine geradezu dämonische Macht die Sprache entwickeln kann, wenn sie von gottlosen Menschen demagogisch eingesetzt wird, kann man nicht nur in der jüngeren deutschen Geschichte, sondern bei den Ideologen unserer Zeit immer wieder und weltweit studieren. Besonders dort, wo viele Menschen auf engem Raum zusammenleben, wird die demagogische Rede hochgefährlich. Eine Menschheit, die sich wie damals an Euphrat und Tigris eng zusammenschließt, wird schnell zum Spielball der Wortverführer. Das hat die Geschichte oft genug gezeigt. Die von Gott in Babel verfügte Sprachverwirrung kann deswegen durchaus auch als Bewahrung vor Verführung gewertet werden.

Die einheitliche Sprache der Menschen damals vor den Turmbaugeschehnissen war also letztlich die noch vom ersten Menschenpaar und damit von Gott selbst herstammende Sprach- und Ausdrucksform. Alle Menschen, die vor dem Turmbau gelebt haben, verstanden unter den Lauten und Worten das gleiche. Wenn sie Gottes Gebot, die Erde zu füllen, gehorsam umgesetzt hätten, wäre ihnen überall auf der Welt diese eine gemeinsame Form der Kommunikation erhalten geblieben. Gott hätte in dieser einen Sprache zu ihnen reden können, und sie hätten ihn verstanden, so wie Noah und seine Söhne Gottes Reden verstanden haben (1 Mose 9,1-17). Bei aller Tragik des Vertriebenseins aus dem Paradies wäre den Menschen damit wenigstens noch die sprachliche Kommunikation mit Gott erhalten geblieben.

Der Verlust der gemeinsamen Sprache war also eine ähnlich umfassende Katastrophe wie die Sintflut. Diese vertilgte mit Ausnahme der Familie Noahs die gesamte Menschheit, jene zerstörte das Verstehen Gottes und das gegenseitige Verstehen. Aber auch an Katastrophen kann man sich gewöhnen. Die Menschen haben sich längst mit der Sprachverwirrung abgefunden und können sich gar nicht mehr vorstellen, was ihre frühere gemeinsame Sprache für ein Schatz gewesen sein muss. Vielleicht fällt es uns auch deswegen so schwer, das Sprachwunder beim Pfingstgeschehen zu begreifen.

Nach diesen Überlegungen zur Urgeschichte verfolgen wir die babylonische Sprachverwirrung im Licht der weiteren heilsgeschichtlichen Entwicklung. Immer wieder hat Gott zur Zeit des Alten Testaments zu einzelnen Menschen aus Israel und hin und wieder auch zu einzelnen Heiden durch den Heiligen Geist gesprochen. Die Heilige Schrift ist voller Zeugnisse davon. Wie oft heißt es „und das Wort des Herrn geschah“! Aber die Zeit, da die Menschen auf der Erde Gottes Sprache allgemein verstanden, war seit Babel endgültig vorbei. Man könnte fast meinen, dass es immer so bleiben wird, solange Menschen auf der Erde wohnen. Doch diese Annahme wäre ein Irrtum.

Wenn wir in das letzte Buch der Bibel blicken, finden wir große Versammlungen erlöster Menschen vor dem Thron Gottes bzw. auf dem Berg Zion oder am gläsernen Meer, die dort in Wort und Lied Gott rühmen und ihm die Ehre geben (Offb 7,9ff; 14,1ff; 15,2ff; 19,6ff). Da drängt sich die Frage auf, in welcher Sprache sie sich eigentlich kundtun. Ihre irdische Muttersprache kann es nicht sein, denn dann hätte der Seher Johannes nur ein heilloses Sprachengewirr gehört, nicht aber den Wortlaut ihrer Lobgesänge verstanden. Diese Menschen haben zweifellos die Sprache Gottes wiedergewonnen, die Gott der Menschheit in Babel genommen hatte. Oder werfen wir einen Blick in das Neue Jerusalem. Den Märtyrern dort werden die Tränen abgewischt. Christus wird ihr Gott sein. Sie werden mit ihm regieren von Ewigkeit zu Ewigkeit (Offb 21,3ff; 22,5). Es ist schlecht vorstellbar, dass dies alles ohne Sprache geschieht. Auch im Neuen Jerusalem sprechen also die Menschen mit Christus und Christus mit ihnen, und diese Verständigung wird nicht in vielen irdischen Sprachen geschehen, sondern in einer einzigen himmlischen Sprache.

Wenn Paulus vom Bürgerrecht der Gemeinde Jesu im Himmel und von der Verwandlung unseres Leibes spricht (Phil 3,20f) und dass wir dann allezeit beim Herrn sein werden (1 Th 4,17), wird dieser neue Leib ebenfalls die Fähigkeit haben, mit Gott auf ganz direktem Weg zu reden und seine Sprache zu verstehen. Ein geistlicher Leib ist in der Lage, Gottes Sprache zu sprechen und zu verstehen (1 Kor 15,44).

Wir finden also im Neuen Testament drei endgeschichtliche Situationen vor, wo Menschen die Sprache Gottes wieder sprechen: die Märtyrer vor dem Thron Gottes, die Märtyrer im Neuen Jerusalem und die erlöste Gemeinde Jesu im Himmel.

Vor dem Hintergrund dieser Überlegungen können wir jetzt das Ereignis betrachten, das neben der babylonischen Sprachverwirrung wie kein anderes Sprachgeschichte geschrieben hat. Es geht um das Pfingstgeschehen. Was damals in Jerusalem geschehen ist, war in vieler Hinsicht außergewöhnlich, aber der gewichtigste Aspekt dieses Sprachwunders ist die eschatologische Aufhebung der babylonischen Sprachverwirrung.

Betrachten wir den Hergang des Pfingstereignisses. Was geschah damals in Jerusalem vor den anwesenden Juden und jüdischen Proselyten aus der Diaspora? Die Schar der etwa 120 jüdischen Männer und Frauen, aus denen sich nach Pfingsten die erste christliche Gemeinde bildete, war anlässlich des jüdischen Wochenfestes in einem Haus in Jerusalem versammelt. Die Zeichenhandlung des Auferstandenen, als er die Jünger anblies und ihnen den Heiligen Geist verhieß (Joh 20,22) wie auch deren Bekräftigung bei der Himmelfahrt (Ag 1,8) stand ihnen deutlich vor Augen. Sie wussten, dass sie den Heiligen Geist empfangen sollten. Aber wann und wie die Verleihung des Heiligen Geistes geschehen würde, wussten sie nicht. Doch dann geschah das Wunder. Sie wurden alle in einem Augenblick mit dem Heiligen Geist erfüllt und begannen, „mit anderen Zungen" zu reden, so wie es der Geist ihnen eingab (Ag 2,4).

Die Frage, in welcher Sprache sie „mit anderen Zungen" redeten, ist nicht ohne weiteres zu beantworten. Die gängige Auslegung, dass sie in verschiedenen Fremdsprachen redeten, ist problematisch, denn ein gleichzeitiges Reden in verschiedenen fremden Sprachen ist schwer vorstellbar und wäre akustisch ein großes Kauderwelsch gewesen, bei dem schließlich niemand eine zusammenhängende Botschaft hätte heraushören können. Die anwesenden Juden und Proselyten verstanden jedoch die

Rede in ihren verschiedenen Heimatsprachen genau und erkannten, dass hier die großen Taten Gottes gerühmt wurden (Ag 2,11).

Das Pfingstwunder erklärt sich deswegen am besten so, dass die mit dem Geist erfüllten ersten Christen nicht verschiedene Fremdsprachen, sondern eine einzige Sprache, nämlich die Sprache Gottes redeten, also die Sprache, die den Menschen seit Babel abhanden gekommen war. Die Zuhörer verstanden diese Sprache deswegen, weil der Heilige Geist auch an ihnen handelte und ihnen, während die Christen redeten, deren Rede in ihre eigene Muttersprache übersetzte. Wir haben also zu Pfingsten genau genommen ein doppeltes Wunder vor uns. Der Heilige Geist wirkte an den Redenden und an den Hörenden gleichzeitig.

Wenn wir nun den Inhalt der geistgewirkten Rede betrachten, stellen wir fest, dass sie keine Ansprache an die anwesenden Juden und Proselyten war, sondern ein Gotteslob bzw. ein Gebet. Die „großen Taten Gottes" wurden gerühmt (Ag 2,11). Das Sprachwunder diente der Schar der ersten Christen dazu, ihren ersten Gottesdienst nach dem Empfang des Geistes zu feiern. An diesem Gottesdienst muss jeder christliche Gottesdienst Maß nehmen, genauso wie es die Apostel dann auch selber getan haben. Die in der Apostelgeschichte überlieferten Predigten bzw. Predigtkonzepte sind im Grunde nichts anderes als Lobpreisgottesdienste, in denen die großen Gottestaten gerühmt werden.

Die ersten Christen bekommen mit ihrem Sprachwunder aber auch gleichzeitig eine Lektion über die eigentliche und tiefste Zweckbestimmung der Sprache Gottes. Diese geheimnisvolle Sprache, die seit Babel von keinem Volk mehr gesprochen wurde, ist in erster Linie eine Ausdrucksform für Huldigungen Gottes. Man könnte – noch weitergehender – formulieren, dass Adam und Eva von Gott die Sprache geschenkt bekamen, damit sie mit Herz und Mund Gott ehren konnten.

Damit sind wir bei der Frage angekommen, was die bleibende, tiefere Bedeutung des Sprachwunders zu Pfingsten ist. Petrus selber gibt hier die beste Antwort. In seiner Pfingstpredigt Ag 2,14ff zitiert er den Propheten Joel und erklärt das Sprachwunder als Voraberfüllung endgeschichtlicher Ereignisse. Es bildet also Geschehnisse ab, die bei der Wiederkunft Christi stattfinden werden. Im Einzelnen sind dies:

1.) Gott wird nach der Wiederkunft Christi und den damit verbundenen Gerichten seinen Geist auf alle Menschen ausgießen („alles Fleisch"). Im alten Äon, vor Christi Kommen, empfangen den Geist nur diejenigen, die dem Evangelium gehorchen und Jesus Christus im Glauben vertrauen. Die im neuen Äon lebenden Menschen werden dagegen alle Geistträger sein.

2.) Die Nachkommen des Volkes Israel („eure Söhne und eure Töchter") werden im neuen Äon als Priester- und Königsvolk, erfüllt mit dem Heiligen Geist, Gott in der Sprache Gottes anbeten und ehren („sie sollen weissagen").

3.) Vor Christi Wiederkunft wird es besondere Zeichen am Himmel und der Erde geben.

4.) Wer in dieser Umbruchszeit den Namen Christi anrufen wird, soll errettet werden.

Das Sprachwunder zu Pfingsten ist also als ein Zeichen zu interpretieren, das auf die Wiederkunft Christi und den damit verbundenen Umbruch der Zeiten hinweist. So wie die Schar der 120 ersten Christen zu Pfingsten gewürdigt worden ist, die Sprache Gottes neu sprechen und auf diese Weise Gott loben zu dürfen, so werden einst erlöste Israeliten im neuen Äon in dieser Sprache Gott ehren.

Wir dürfen jedoch, wenn wir das Phänomen des Sprachwunders richtig verstehen wollen, nicht beim Pfingstfest stehen bleiben. Es geschah nach dem Zeugnis des N.T. auch noch an anderen Orten. In Cäsarea wurden Heiden mit der Sprache Gottes beschenkt (Ag 10,46), und in Ephesus Jünger des Johannes (Ag 19,6). Und schließlich auch in Korinth, wo einzelne in der Gemeinde ebenfalls „mit anderen Zungen" Gott loben und andere diese Sprache ins Griechische übersetzen konnten (1 Kor 12-14). Das Sprachwunder trat also zur Zeit des N. T. an wichtigen Missionsknotenpunkten der jungen christlichen Kirche auf.

Wir fassen zusammen: Nachdem seit der babylonischen Sprachverwirrung die Völker die ursprüngliche einheitliche Menschheitssprache, die sie mit Gott und untereinander verbunden hatte, verloren hatten, wird der ersten christlichen Gemeinde durch ein besonderes Wirken des Heiligen Geistes diese Sprache zeichenhaft wiedergeschenkt. Ebenfalls durch ein Wunder vermochten die anwesenden Juden und Proselyten diese Sprache zu verstehen. Anschließend wurde sie und die Fähigkeit der Übersetzung noch weiteren Juden und Heiden zuteil. Mit diesem Sprach-, Hör- und Übersetzungswunder gab Gott der christlichen Gemeinde einen Hinweis auf bestimmte mit der Wiederkunft Christi verbundene Großereignisse. Im neuen Äon wird die Sprachverwirrung überwunden sein. Das erneuerte Israel wird die Sprache Gottes wieder sprechen, und die Völker, die zum Neuen Jerusalem pilgern, werden sie verstehen (vgl. zum Pfingstwunder auch Karl Bornhäuser, Das Pfingstwunder, in „Studien zur Apostelgeschichte", Gütersloh 1934). (*Exkurs Ende*)

10. Die Segenslinie von Sem bis Abram

1 Mose 11,10-32

Dieser letzte Teil der biblischen Urgeschichte enthält einen zweiten Stammbaum Sems (in 10,21-31 stand ein erster Stammbaum) und den Stammbaum Tharahs, des Vaters Abrahams. Der Stammbaum Tharahs bildet den Übergang der Urgeschichte zur Patriarchengeschichte, deren Beginn man mit Kapitel 12,1 ansetzt. Man könnte die Urgeschichte auch mit dem Stammbaum Sems (11,10-26) abschließen und die Patriarchengeschichte mit dem Stammbaum Tharahs (11,27-32) beginnen lassen. Wie dem auch sei, klar ist jedenfalls, dass die Urgeschichte in die Erwählungsgeschichte Israels einmündet. Die Schöpfung, der Sündenfall, die Entstehung der Völker, ihr innerer Niedergang und die Gewährleistung einer Segenslinie in allem Niedergang – all diese Etappen und Ereignisse der Urgeschichte zeigen die Erlösungsbedürftigkeit der Menschheit und das vorbereitende Handeln Gottes für das Erlösungsgeschehen, das mit der Erwählung Abrahams beginnt.

Der Erzähler oder besser gesagt Redaktor der Urgeschichte (was kein anderer als Mose gewesen sein kann) legt offensichtlich großen Wert auf die Darstellung der göttlichen Planung der Anfänge der Menschheit bis hin zu Abraham. Wie schon gezeigt, nennt er zehn Generationen, die von Adam bis Noah führen, und zehn Generationen, die von Sem zu Abraham führen. Das kann kein Zufall sein. Die Zehn symbolisiert das Tun Gottes für die Menschheit als Ganzes. Die Zehn Gebote sind zwar Israel in Schriftform, aber inhaltlich allen Menschen gegeben. Die zehn Generationen von Adam bis Noah und von Sem bis Abraham zeigen deutlich, dass hier Gott selber im Hintergrund handelt, um die Menschheit zu erlösen. Beide Linien sind Segenslinien.

Die Stammbäume des Ham und Japhet, die in der sog. Völkertafel in 1 Mose 10 gleich am Anfang standen, interessieren den Redaktor in Kapitel 11 nicht mehr. Es kommt ihm jetzt ganz auf Sem an. Aus Sems Geschlecht wird einst Abraham geboren werden, und auf Abraham und seine Nachkommen zielt im 1. Buch Mose alles.

Im Geschlechtsregister Sems fällt auf, dass das Lebensalter der Menschen nach der Sintflut kontinuierlich abnimmt. Offensichtlich hatten sich durch die Sintflut die Lebensbedingungen auf der Erde verschlechtert. Die oberirdischen Wassermassen über der Atmosphäre, welche die UV-

Strahlung der Sonne abhielten bzw. filterten, gab es nicht mehr. Einzig Sem mit seinen 600 Lebensjahren kommt noch an die vorsintflutlichen Dimensionen heran. Peleg steht genau zwischen Sem und Abraham. Zu seiner Zeit wurde die Menschheit in die verschiedenen Sprachen geteilt und damit zur Besiedlung der ganzen Erde gezwungen. Auch dieses Geschehen wird jetzt übergangen, denn die innere Dynamik der Genesis eilt nun auf den nächsten Höhepunkt zu, der Berufung des Volkes Israel aus den Völkern.

Im Stammbaum Tharahs wird zunächst ausgeführt, dass Tharah in Ur in Chaldäa wohnte. Dies ist ein anderes Wort für Mesopotamien, die fruchtbare Ebene zwischen Euphrat und Tigris. Dort war die nachsintflutliche Menschheit in Ungehorsam gefallen, als sie – vermutlich unter dem Einfluss Nimrods – beschloss, beieinander zu bleiben und nicht die ganze Erde zu besiedeln. Dort bauten sie sich Babel mit dem Turm als Zeichen dafür, dass sie nun die Erde als ihre Heimat betrachten und selber Gott sein wollten.

Aus dieser gottlosen Gegend brach Tharah eines Tages auf, um mit einigen Verwandten (mit seinem Sohn Abram, mit Lot, dem Neffen Abrams und mit Sarai, der Frau Abrams) nach Kanaan zu ziehen. Warum er aus Mesopotamien weg wollte, wird nicht gesagt. Vielleicht spürte er die Dämonie dieses Landstrichs, vielleicht deutete er die Unfruchtbarkeit Sarais als göttliches Signal, von dort aufzubrechen.

Ebenso wenig ist uns bekannt, warum er ausgerechnet nach Kanaan wollte. Vielleicht kannte er den Segen und den Fluch Noahs über seine Söhne, dass also die Nachkommen Kanaans den Nachkommen Sems dienen sollten. Tharah kam nur bis Haran in Nordmesopotamien. Aber nicht mit ihm (9. Generation seit Sem), sondern mit seinem Sohn Abram (10. Generation) wollte Gott sein Erlösungswerk mit der Menschheit beginnen. Dessen besondere Geschichte beginnt mit dem Tod seines Vaters, der 205 Jahre alt wurde, und der großen Verheißung, die Gott ihm anschließend zusprach.

Weitere Bücher von Dr. Joachim Cochlovius:

Die wahre Freiheit –
die wahre Einheit
Eine Auslegung des
Galater- und Epheserbriefes
92 Seiten, Paperback
Nr. 205; € 5.00

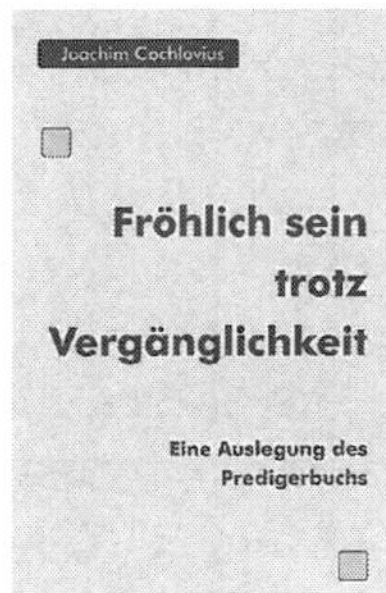

Fröhlich sein
trotz Vergänglichkeit
Eine Auslegung
des Predigerbuches
92 Seiten, Paperback
Nr. 310; € 5.00

Kampf und Ziel der Gemeinde Jesu
Die Botschaft der beiden Briefe
des Apostels Paulus an Timotheus
98 Seiten, Paperback
Nr. 171; € 5.00

Lieben & Helfen
Ein Eheseminar
145 Seiten, Taschenbuch
Nr. 179; € 12.00